ビデオリサーチが提案するマーケティング新論

マインド・ホールを突破せよ。

Break Through The Mind Hole.

株式会社ビデオリサーチひと研究所 編著

ダイヤモンド社

誰に、
何を、どうやって届けるのか？
カオス化した現代社会において
企業が生活者に
コミュニケーションする際に
高い壁が立ちはだかっている。

その壁を突破しないことには
ビジネスの成功はありえない。

第１章(P28)へ

ビデオリサーチ **ひと研究所**は
生活者調査「ACR/ex」の膨大なデータから
新たな知見を見出すことに成功した。
モノ起点ではなく、
「ひと起点」でアプローチすることにより
意識の壁に空いた穴、
すなわち

「マインド・ホール」を突破して
心に届けることができる。

しかし、
マインド・ホールの場所は人によって異なり
見つけることは難しい。
それをどうやって発見するのか？

第２章(P52)へ

生活者には、選択の基準となる
「考え方のクセ」がある。
しかもそれは、
商品カテゴリーによって影響されない。

たった18の設問に回答するだけで
その人の「考え方のクセ」がわかり
マインド・ホールの突破口が

見えてくる。

「トレンドフリーク」
「雑学ロジカル」
「スマート目利き」
「コミュニティ同調」
「堅実ストイック」
「ナチュラル低関与」

第３章(P76)へ

「考え方のクセ」がわかると

生活者の一歩先が見える。

どんなメディアを使って
どんなキーワードで
コミュニケーションを
取ればいいのか？

モノ起点の後追いで考えるマーケティングから
生活者にとって、心地の良い
道しるべをつくるマーケティングへ
革新的な転換が可能となる。

第4章(P130)へ

「考え方のクセ」は
すでにマーケティングの世界で動き始めている。

「マインド・ホール」は
どこにあるのか？
どうすれば
突破できるのか？

私たち
ビデオリサーチ ひと研究所の
研究の成果と
これからの可能性をお伝えしていく。

第５章(P198)へ

はじめに
――「モノ起点」から「ひと起点」へ

マーケティングやコミュニケーションに関心のある読者なら、現在の世の中がかつてよりも複雑化していることに、恐らく異論を唱えることはないだろう。

かつては、モノやサービスを供給している企業やマスメディア側が発信者として生活者に情報を提供するのが常であった。しかし今では、ICT（情報通信技術）の進化と普及によって、かつては受信するだけだった生活者自身も発信者となることができるようになり、世の中には大量の情報が溢れている。

結果として、**企業は生活者に「伝えたいメッセージ」を届けることが難しくなっている**。まるで、堅固な壁が立ちはだかっているように。

同時に、発信者にもなれるようになった生活者自身も、押し寄せる情報の量に翻弄され、戸惑い、本当に知りたい情報、大切な情報にアクセスしづらくなっている。

複雑化したコミュニケーションの糸を解きほぐし、シンプルな法則を見つけ、ソリューションを提案する。それが、本書のテーマだ。

私たちの考えるもっとも重要なポイントは、**「モノ起点」から「ひと起点」へのシフト**である。

一般的に、ビデオリサーチは「テレビ視聴率の会社」だと認識している方が多いだろう。

ビデオリサーチは、1962年の創立以来今日まで、50年以上にわたりテレビ視聴率を測定し続けている。生活者がいつテレビを見ているのか、どのようなテレビ番組を見ているのか、**常に生活者の視点に立って、生活者の声を伝え続けてきた**。

同時にビデオリサーチは、やはり設立の初期から、テレビ視聴だけにとどまらない生活者のメディア接触全般や消費行動、生活意識など幅広く捉える調査（ACR）[*]もスタートさせ、現在に至っている。テレビ視聴率は、社会的関心事に対する世の中の反応を示すひとつの指標としてメディアに取り上げられることも多いため、一般的に身近な数字となっているが、マーケティングの現場で活用される生活者調査（ACR）は、市場俯瞰やターゲティング、メディアプランニングなどに携わる多くのマーケターにご利用いただいてい

＊ ACR（エーシーアール）とは、Audience & Consumer Reportの略。1972年にスタートしたビデオリサーチの生活者調査。

る。

本書は、**50年の間、生活者を見続け、「テレビ視聴率をはじめとしたメディア調査」と「生活者調査」を事業の二本柱としているビデオリサーチが、生活者を調査・研究し、その結果と実用的な戦略への応用法を広く読者に届けていく**ためのものだ。

テレビ視聴率調査は、全国27の対象地域ごとにランダムに世帯を抽出して協力を依頼している。現在は、計6600世帯を対象に、ピープルメータまたはオンラインメータと呼ばれる機器を取り付けてデータを収集している。

ビデオリサーチは、生活者調査においてもこれとよく似た手法を採っている。ACRからバージョンアップして2014年にスタートした「ACR/ex《エクス》」では、全国7地区から人口構成にそってランダムに抽出された1万7000人に対して、デモグラフィック属性（性別、年齢、職業、所得など、人口統計学における属性）と同時に、本人の意識（性格や価値観、消費行動など）、商品への関与（ブランドやモノ、サービスへの接触）、メディア接触（接触時間や情報の入手経路）など、1600項目以上の調査を、回答ツールにタブレットを用いて実施している。民間企業の同種の調査では、最大規模となる。

いわば、世の中の生活者がマクロ的にどう動いているのかが把握できる「世の中の縮図」を構築していることになる。

ビデオリサーチは、会社設立50周年を迎えるにあたって、２０１２年、新たに**「提供から提言まで。(Creating Value from Facts)」**というスローガンを掲げた。

これは、調査で得られたデータを提供するだけに留まらず、そのデータをもとにマーケティングに悩む方々の課題とその解決策までを見つけ出し、さらにはその解決策の実行までもしていけるようになりたい、という思いの宣言である。

データ提供の先にどのようなソリューションが見出だせるかを積極的に分析、研究し、発信していくため、同年、ソリューション推進局生活者インテリジェンス部を新設した。

そして、「ＡＣＲ／ｅｘ」をはじめとした膨大かつ長期にわたる自社調査データをもとに、さまざまな切り口で生活者を捉えるための研究を行ってきた。

すると、複雑化し、高い壁に阻まれ、人やモノ、情報が結びつきにくくなっているように見える世の中においても、**人びとの考え方には基準となる法則、「クセ」のようなものが存在し、それぞれのクセのタイプごとに情報が通過できる「壁の穴」が異なっていることを発見した。**

売りたいモノを誰が買うのか、という発想ではなく、**「ひと」はどのような考え方のパターンをもとに情報を選択し、モノを買っているのか**、という視点である。

本書は、新たに始まったビデオリサーチの生活者研究から生まれた成果の一環であり、書籍として世に送り出す第一号となる。

そして、ビデオリサーチの生活者研究により広く深く親しんでもらうべく、2015年から新たに**ビデオリサーチ「ひと研究所」として、生活者に関する知見をマーケティングに携わる皆様にお届けしていく**。

今回、本書が提案するソリューションの根拠となっているのは、ビデオリサーチが積み重ねてきた生活者調査のデータに現れた生活者の内面、つまりひとの「考え方」を起点としている。ここでいう「ひと」とは、生活者そのものの「今」の姿である。

本書では、ビデオリサーチがひとを観察し続けてきた**「ひと起点」の知見をもとに、モノ起点や企業起点とは異なる独自の答えを提供したい**。

届けたい情報が届く。欲しい情報が手に入る。

それは、企業にとってもメディアにとっても、もちろん生活者一人ひとりにとっても心地よい瞬間だ。**「真心のこもった」マーケティング**ともいえる。

そして、コミュニケーション活動を、経済活動を、より豊かにし、新たな価値を生み出すきっかけにもなり得る。

本書が、知的好奇心を満たすものとして、そして、マーケティング課題解決の有効なヒントとして、読者の期待に応えられれば幸いである。

2015年　11月

株式会社ビデオリサーチ　ひと研究所

マインド・ホールを突破せよ。　目次

第1章

「マインド・バリア」って何だ？

――なぜメッセージは「届かない」？

第2章 「マインド・ホール」を探せ！

――膨大なデータから何が見えるのか？

第3章 「考え方のクセ」をつかめ！
――6タイプ別生活者の新しい捉え方

第4章 「考え方のクセ」が解き明かす、ヒットの研究

PART 1

PART 2

株式会社フィリップス　エレクトロニクス　ジャパン

マーケティング　ドメスティックアプライアンス

シニアマネージャー　佐野泰介氏

PART 3

株式会社日立ソリューションズ

産業ソリューション本部　サービス・インテグレーション部
主任技師（課長）　藤原英哉氏

第5章

「マインド・ホール」を突破せよ！

――「届く」マーケティングの組み立て方

第1章

「マインド・バリア」って何だ？

——なぜメッセージは「届かない」？

現代社会の「コミュニケーション・カオス」

ＩＣＴ（情報通信技術）の進化と普及によって、モノやサービスを生み出す企業や団体が常に「発信者」として生活者に情報を提供し、モノやサービスを消費する生活者は「受信者」であり続けるという図式は完全に崩壊してしまった。今や、**発信者と受信者が入り乱れ、混沌とした状態**が続いている。

ビデオリサーチは、この状態を、**「コミュニケーション・カオス」**と名付けた。

「カオス」という言葉から受け取る一般的なイメージは、混沌、混乱、ぐちゃぐちゃ、わけがわからない、といったところだろう。ただ、数学の世界では「複雑な結果となるものであっても、実は簡単なモデルで表せる」という側面も併せ持っている。

確かに、現代社会はカオスであり、さまざまな情報が複雑に入り組んでいるために理解が難しい。発信者が情報を送ってもなかなか届かず、受信者もうまく望んだ情報が得られていない。

しかし、決して１００％届いていないわけではない。生活者はカオスの中でも、大量の情報からごくわずかだけをどうにか抽出し、モノを選び、買い求めて生活している。

そこには、心の壁のようなものが立ちはだかっていて、円滑なコミュニケーションを阻んでいるのではないか。これを、「マインド・バリア」と名付けることにする。

「マインド・バリア」をうまく突破できた情報だけが生活者に届くとしたら、何らかの突破の方法が存在するはずだ。

そこでまずは、「マインド・バリア」をどうすれば突破できるのか、どこに穴が、つまり「マインド・ホール」が空いているのかを探ってみることにしよう。

初めに、現代社会を取り巻く「コミュニケーション・カオス」の実情と、絡み合った糸をほぐすきっかけを探してみたい。

私たちはまず、現代社会のコミュニケーションがどのようにカオス化しているのかを考えるうえで、特に影響力が大きいものとして、「生活者」におけるカオス、「メディア」におけるカオス、そして「商品」におけるカオスの3点を考えることにした。

「生活者カオス」とは、生活者、つまり現代に生きる人びとの生き方がどのように分散化、多様化しているのか。「メディアカオス」とは、多種多様なメディアやデバイスが現れ、情報の流通量が劇的に増加している中で、メディアの消費量や接触時間に見られる限界。そして「商品カオス」とは、多品種少量生産が進んだ結果、生産者も生活者も取捨選択の必要を余儀なくされていることを指している。

「生活者カオス」

次ページの図表1－1は、男女40代の第1子年齢構成を、1995年と2014年とで比較したものだ。

95年のグラフは、18～21歳、つまり大学生相当の年代に明らかなピークが存在していることがわかる。つまり20年前の40代といえば、だいたい大学生前後の年頃の子どもがいたと推測できることになる。

しかし、2014年では、**明確なピークがなくなっている**ことがおわかりいただけるだろう。

結婚年齢が分散化していることに伴って出産年齢も分散化し、40代の人が就学前の乳幼児を育てていることも珍しくない半面、すでに子どもが独立し、40代で祖父・祖母になっているケースもあるのだ。

背景には、さまざまな要因が考えられるだろう。男女雇用機会均等法の施行をきっかけに女性の社会進出が進んだこと、年功序列、終身雇用制が一部で崩れかけていること、経

図表1-1　40代の第1子年齢の変化

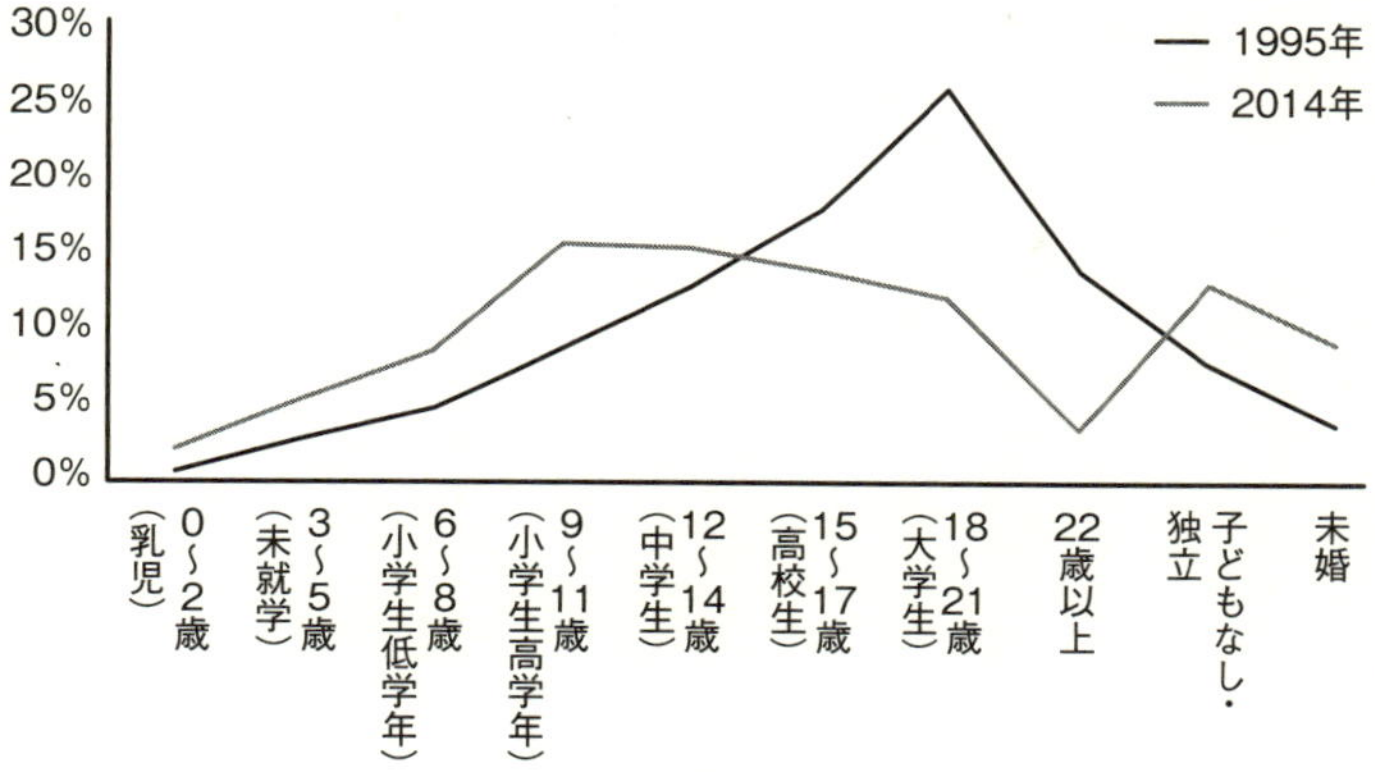

※1995年：ACR、2014年：ACR／ex　4～6月データ（7地区計、男女40～49歳）

図表1-2　世帯平均所得の変化

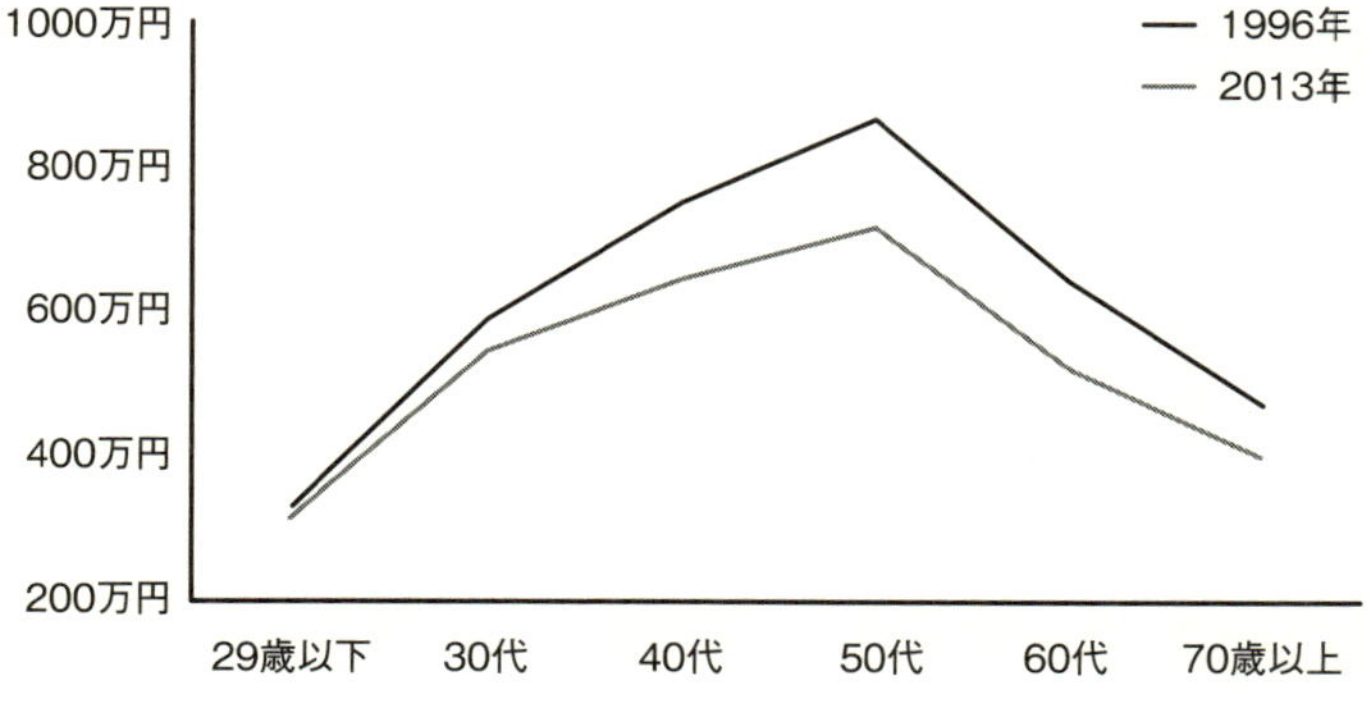

※厚生労働省　国民生活基礎調査

済が長期にわたって低迷した結果、結婚や育児の計画を立てにくい層が増えていること。子どもを持たない、そもそも結婚をしないという選択をする人も増えている。

*デモグラフィック属性のもっとも基本的な項目といえる年齢が、ライフステージと紐づけて考えられるものではなくなっていると思われる。

年齢と収入との相関性も薄くなりつつある。職種、就業形態、給与形態の多様化によってさまざまな仕事や働き方が存在するようになったのと併せて、年齢を重ねるにつれて収入が増えていくという図式も一様ではなくなっている。

図表1－2も同じように、世帯の平均所得を1996年と2013年で比較したデータだ。いずれも世帯主の年齢が50代の世帯がもっとも所得が多いが、その上がり幅が目に見えて小さくなっていることがわかる。

年齢を重ねると所得も当然のように増える、とは一概にいえない状況が読み取れる。裏を返せば、年齢と所得の相関性が薄れていることで、**年代から平均的な所得水準をイメージしにくくなっている**ことになる。

マーケティングの基本とされるデモグラフィック属性だけでは生活者を理解しにくい世の中になりつつあるといえるだろう。

今度は、もう少し「考え方」の中に踏み込んだ調査結果をご紹介しよう。ビデオリサー

*デモグラフィックとは「人口統計」のことで、年齢、性別、収入、居住地、職業、学歴、家族構成など、人を人口統計学的に分析する際の要素を指す。

図表1-3　年齢による考え方や嗜好の変化（テレビ番組嗜好：洋画）

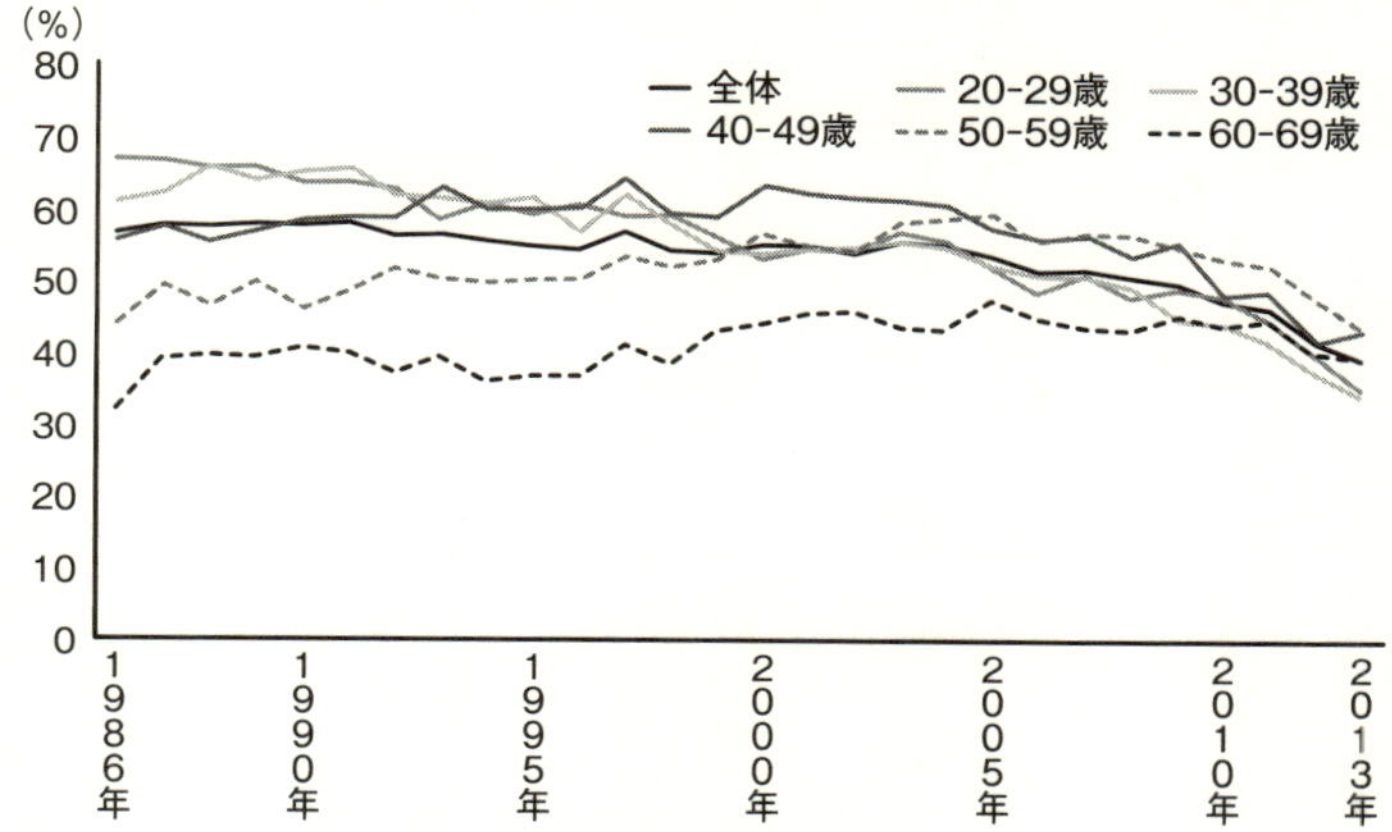

※ビデオリサーチACRデータ（全国7地区、男女12〜69歳）

チの生活者調査、ACRを用いた考え方の調査結果の一部を抜粋してみる。

図表1－3は、女性の対象者に、テレビ番組における「洋画」の嗜好を尋ねた設問への回答をグラフ化したものだ。

左側、80年代後半では、年齢層が若い人ほど洋画を好んで見ていた一方で、シニア層になると好まない人が多くなる傾向がはっきりと読み取れる。ところが最近は、年齢層における差異はほとんど見られないことがわかる。

こうした年齢による意識の差の縮まりは、女性のファッションにおいても顕著だ。かつては若い層ほど「人と違うかっこう」を好み、シニア層になると好まない傾向が明確だったのに、最近はほぼフラットといっていい。つまり、低年齢層だから、高年齢層だからという理由で、「考え方」の傾向を決めることはできず、**「年齢のボーダレス化」が起きている**のだ。

同じことは、男女間でも起きている。かつて男性のテレビ視聴といえばニュース、スポーツ中心、女性はドラマ、バラエティ中心という明確な嗜好があったのだが、ＡＣＲ調査から見えてくる傾向は、**性別すらボーダレス化**しつつあることが読み取れる。どちらかというと、男性がかつて女性が嗜好したジャンルに流入することで、少々大げさにいえば「テレビ視聴における男性の女性化」が起きつつある。

寿命が延び、未婚率が上昇し、子どもの数が減少する……。取り上げればきりがないが、年齢、性別というごく基本的な要素でさえカオス化している中で、職業、収入、家族形態、子ども、考え方まで細かなタイプに分かれ始めており、大学進学率の上昇や産業構造の変化などを掛け合わせると、まさにカオス状態となっている状況が理解できるだろう。少なくとも、この商品は20代女性、このサービスは40代夫婦、といったマーケティングが難しくなっていることは明らかなのだ。

「メディアカオス」

図表1－4は、戦後日本のメディアの歴史をまとめたものだ。テレビが誕生したのが1953年。そこから長い間、いわゆる「マス4媒体時代」が続いた。メディアのほとんどは、新聞、雑誌、ラジオ、テレビの4媒体で占められていたが、20世紀の終わりから、インターネットの登場と普及により、大きな変革期を迎えることになった。

1996年にYahoo!JAPANが開始され、インターネットが生活者にとって身近なものになり、2000年代に入るとADSLの普及で常時接続の時代に突入し、インターネットの利用シーンが広がった。

2006年にはmixiが流行。その後Twitter、FacebookなどSNS（ソーシャルネットワーキングサービス）が普及し、生活者も簡単に発信者となる時代が到来した。デバイスも、2010年代に入るとスマートフォンが急激に普及し、シーンや時間を選ばず、常にインターネットに接続できる状況が生まれた。

図表1-4 メディアの歴史

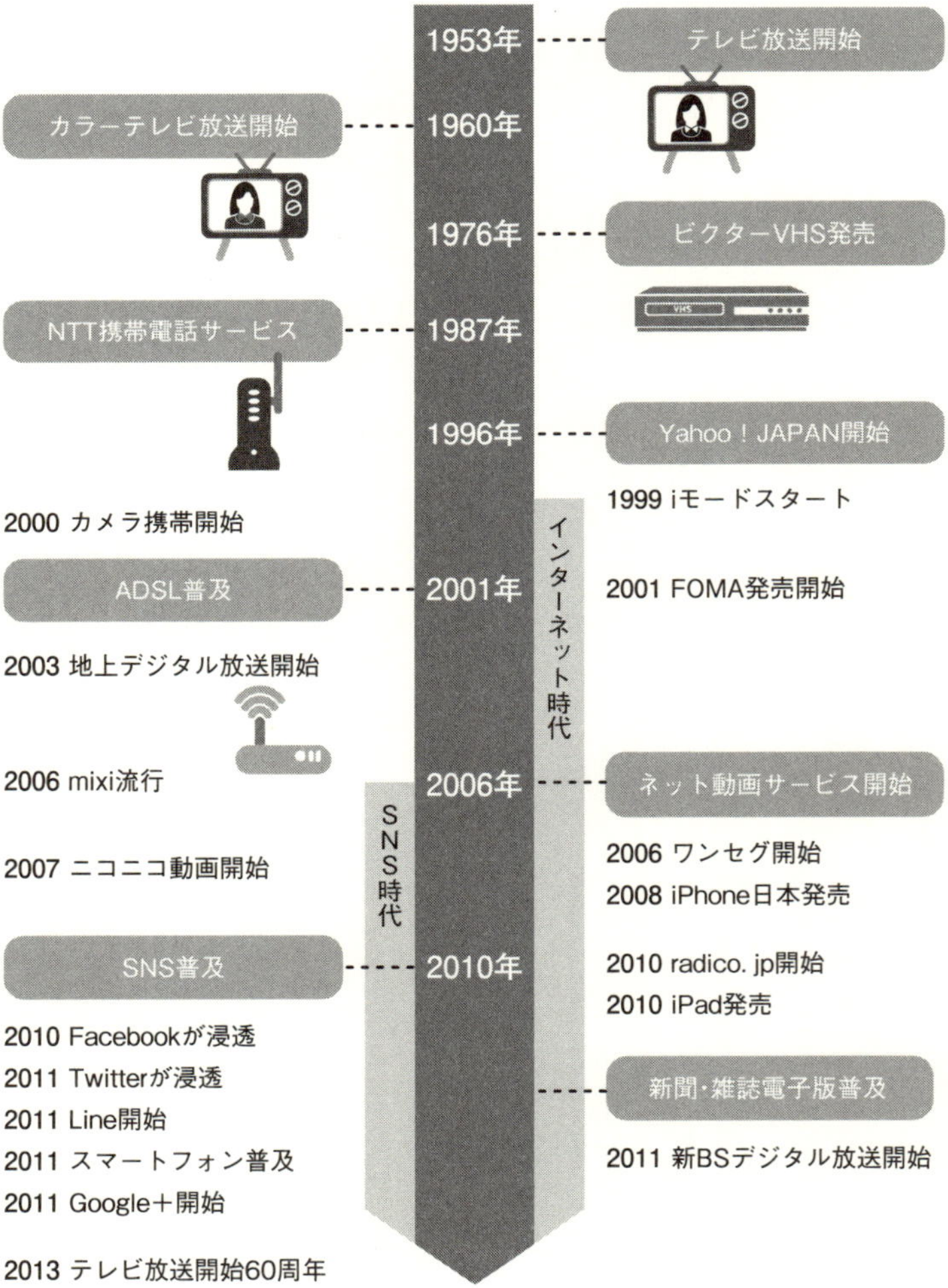

消費しきれない情報

この一連の流れが生み出したのが、メディアにおけるカオスである。まず、図表1－5をご覧いただきたい。これは総務省が作成した情報の流通量、消費量の変化を示したグラフである。

さまざまなサービスやデバイスの登場で、情報の流通量は飛躍的に増加した。２００１年と比べ２００９年ではほぼ倍増しており、この傾向は現在ではさらに強まっていると考えられる。

一方で、情報の消費量は、１割の増加にとどまっている。供給が倍増しているにもかかわらずだ。

流通する情報の量が増えても、生活者は消費しきれていないことがよくわかる。しかも、このグラフはＳＮＳが本格的に普及する以前のものなのだ。

この状況を裏打ちするのが、図表１－６のデータである。これはビデオリサーチが調査している、１日あたりのメディア接触時間の推移だ。インターネットという新たなメディアが登場したにもかかわらず、この10年間はほぼ横ばいで推移している。

図表1-5｜情報の流通量と消費量の変化

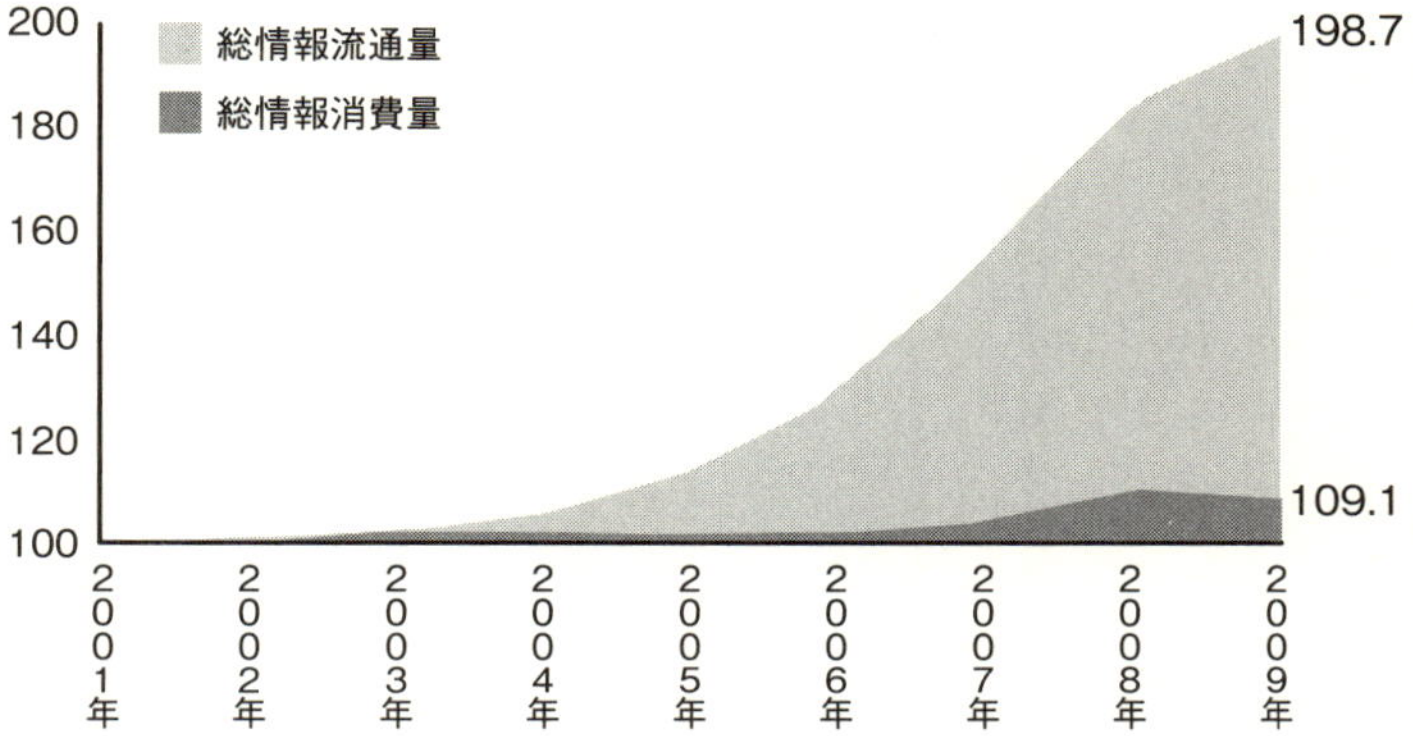

※総務省情報流通インデックス(2011年)、2001年を100としたときの指数
「情報」とは電話、インターネット、放送、郵便等、印刷、出版、パッケージソフト

図表1-6｜1日あたりのメディア接触時間の変化

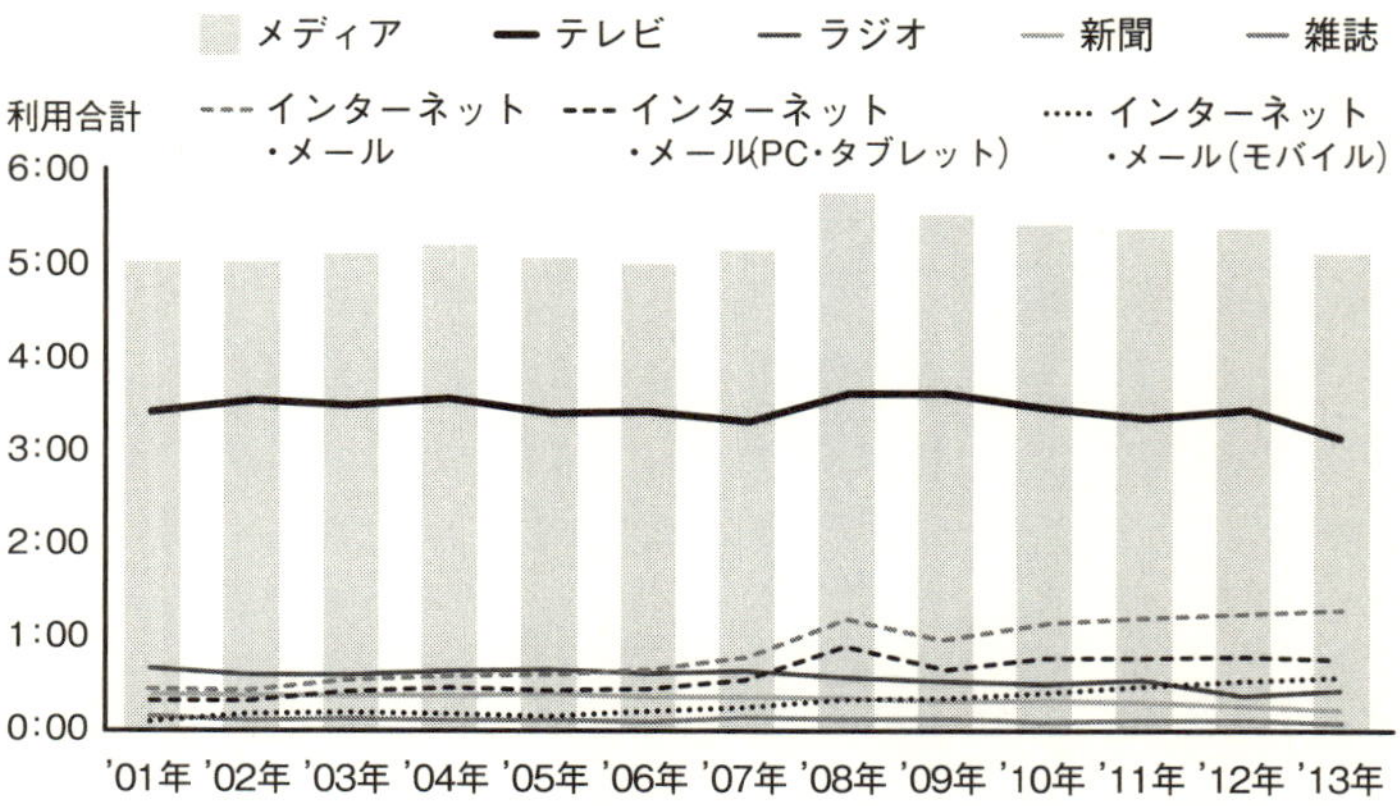

※ビデオリサーチMCRデータ(東京30km圏、男女10～69歳)

さまざまなサービスが誕生し、生活者の選択肢が急激に増え、マス４媒体だけでは語りきれない状況が生まれているのに、生活者が消費できる情報量は限られていて、ほぼ増えていない。つまり、**流通する情報の量だけが、爆発的に、しかも一方的に増えている**ことになる。

肌感覚での象徴的な例として、Ｙａｈｏｏ！ＪＡＰＡＮのトップページにアクセスした際の行動を想像してみてほしい。

Ｙａｈｏｏ！のトップページには、およそ３０００字の情報が表示されている。その中で目に留まるのは、得てしてたまたま自分の興味に合致したたったひとつのニュースタイトルだった、ということはないだろうか？

タイトルの文字数は、わずか15字足らず。全体の０・４％でしかなく、その瞬間目の前に存在している残り99・６％の情報は、ただそこにあるだけで消費されていないということになる。

たったひとつの見出しに興味を抱いた瞬間、他のほぼすべての情報やメッセージを、知らないうちにシャットアウトしてしまうのだ。

インターネットの普及により、より細かい情報、より知りたい情報、より心地いいと感じる情報を好きなだけ取れる時代になったのと同時に、偏った情報しか受け取らなくなる傾向も強まっているといえる。さらに、同じ趣味、同じコミュニティの仲間とSNSでより濃密につながり始めたことにより、もはや「自分が消費している情報は偏っているのではないか」という意識すら持ちにくくなっている。こうした時代しか知らない若者ほど、その傾向は顕著だ。

情報の深掘りがしやすくなり、博学な人が生まれやすくなったようにも感じられるが、情報の流通量が一方的に増えたうえに、**生活者自身も発信者となることで、無意識に築いている「マインド・バリア」が堅固になり、そこを通過して情報を届ける行為が一段と困難に**なってしまっている。これが、「メディアカオス」の生み出している状況なのだ。

「商品カオス」

「コミュニケーション・カオス」の最後に取り上げたいのは、商品のカオスだ。これは、**多様化と取捨選択の必要性の高まり**を意味している。

私たちを取り囲む商品は、日々多様化を続けているといえる。かつては「マイカー」と呼ばれ、保有することそのものが憧れであり、ひとつのゴールだった自動車は、価値観やライフスタイルの多様化を映すように、使用目的だけでなく、デザイン、車体の大きさ、

図表1-7 醤油の種類の変化

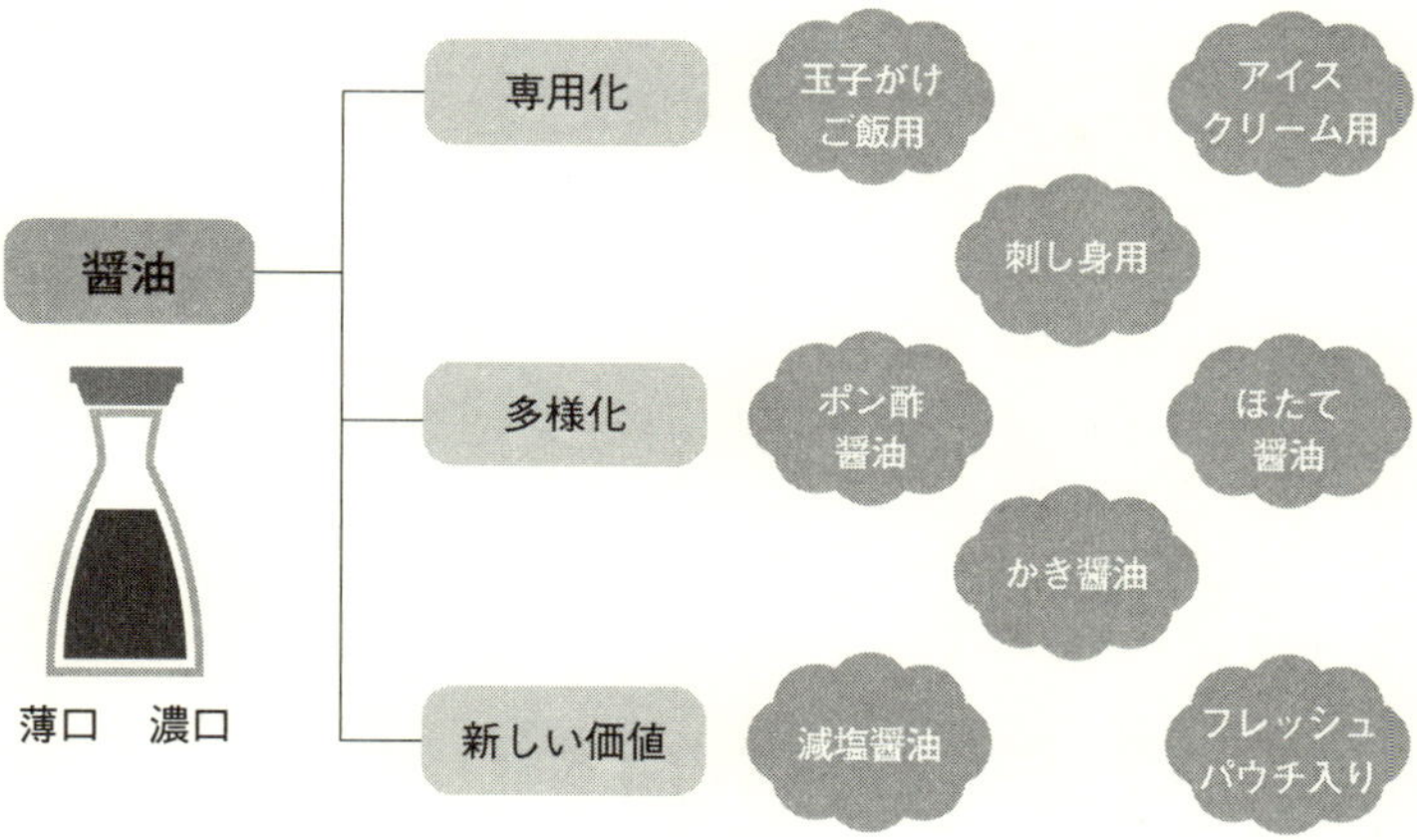

色、省エネなど、選択のポイントも多種多様に変化している。

ビールやコーヒーも同じだ。ただ飲めればそれだけでよかった時代は終わり、原料や産地、製法、味わいに至るまで、細かいニーズやこだわりに応えシェアを拡大しようと競争が続いている。

ここでは例として、より伝統的な商品である醤油を取り上げてみたい。

かつては「薄口」「濃口」などといった味の面での区分しかなかった醤油だが、70年代の後半から減塩というニーズが生まれたのを皮切りに、「焼き魚用」「刺し身用」「アイスクリーム用」などといった専用化、「ポン酢しょうゆ」「だし醤油」などといった多様化、そして、いつまでも酸化しないフレッシュパウチ容器などの新たな価値を付加した商品が登場して、アイテム数は大きく増加した。

かつて、醤油はせいぜいサイズの違いと数種類の味の違いしかなく、消費者は単に「醤油を買いに行く」という意識で店頭に出向いたはずだ。

ところが今、同じ意識でスーパーの醤油の棚に向かうと、どうなるだろうか。さまざまな味付け、用途別、食材別、機能別に細分化された商品のバリエーションを目の前に、細かなニーズが満たされて深く満足できる生活者が存在する一方で、醤油の**「カオス」状態を目の前に、自分は何を選べばいいのか困っている生活者もたくさんいる**と想像できる。もはや、「子どものお使い」レベルではなくなっているのだ。極めて伝統的な商品群である醤油でさえ、今もなお進化を続け、新商品が生まれ続けている。まして成長段階にある商品ではいうまでもない。

経済が発展し、さまざまなニーズが生まれたことに対して、メーカーは長い間、少量多品種生産で対抗してきた。その中から多数のヒット商品、つまり生活者に届いた商品が生まれてきた一方で、全方位でのカオス化が進めば進むほど、成功の度合いを判断する基準は売れ行きに頼らざるを得ない。

深掘りしていくべき商品、ヨコ展開したほうがよさそうな商品、むしろシンプルにアイテムを絞り込んでもよい商品があるなかで、現状はとにかく市場に投入してみて生活者の反応を待つしかなく、ビジネスとしての効率は決してよいものとはいえない。

生活者も、本来自分が欲している商品、ニーズを満たしてくれるアイテムがあるにもかかわらず、**商品が複雑化し、理解しにくくなっているために、メッセージが届きにくく、手に取る瞬間にたどり着けないままでいる**のだ。

「コミュニケーション・カオス」が生み出す「マインド・バリア」

このように、**「生活者」「メディア」、そして「商品」それぞれがカオス**となっている。さらに、**それらが絡み合った現代社会は、カオス同士の掛け算**となっているため、一段と複雑化して理解が難しいものになっている。これが私たちの考える**「コミュニケーション・カオス」**の姿だ。

マーケティングの最前線にいる人であれば、「生活者」と「メディア」と「商品」とは、すなわち「誰に」「どうやって」「何を」届けるかという課題になる。

だが、カオス化が進めば進むほど、人びとの間に「マインド・バリア」が立ちはだかってしまう。しかし、ひとりの生活者として各自が自分の行動を振り返れば、確実に何らか

図表1-8 | マインド・バリアの概念図

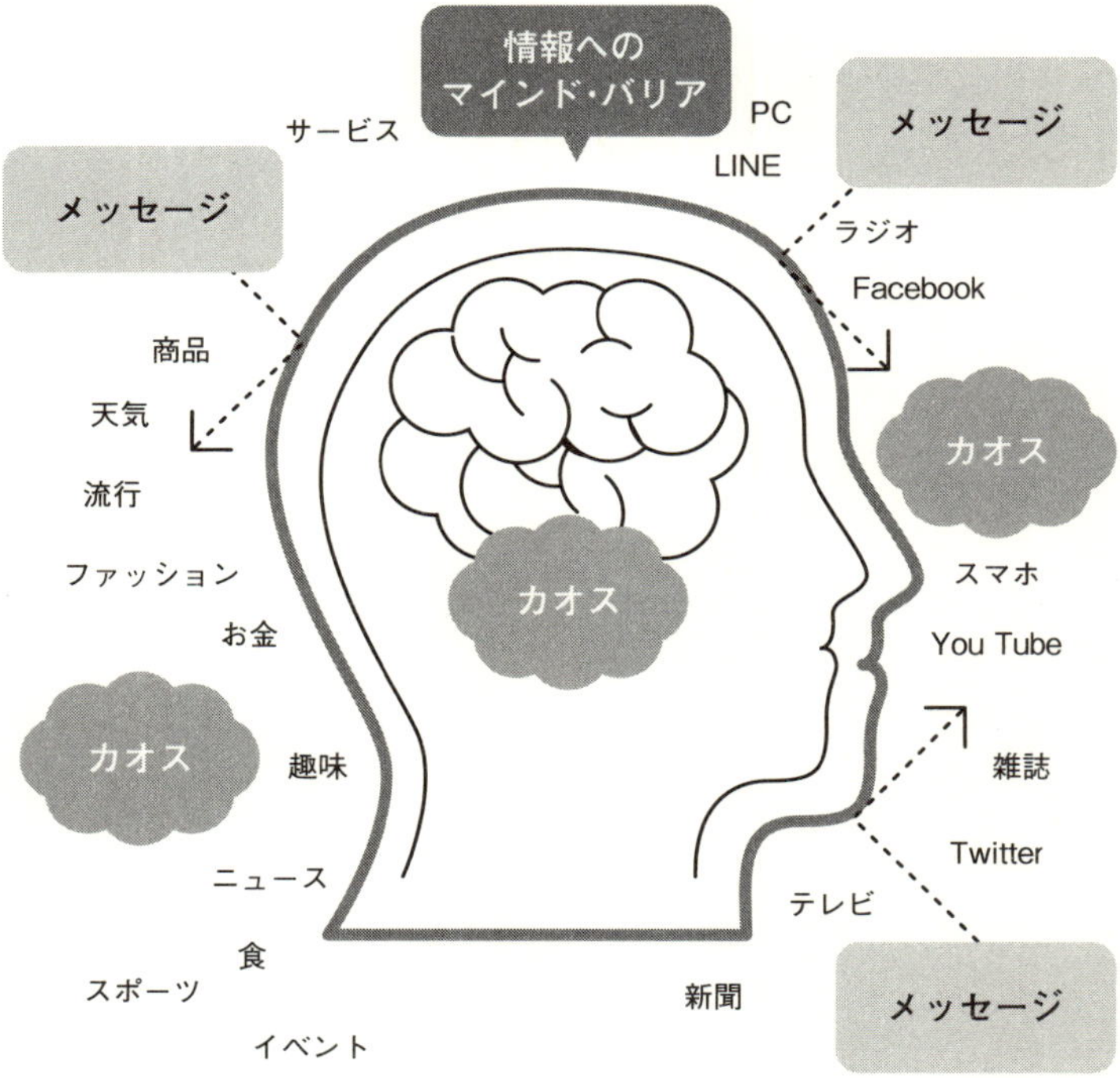

の情報を取っており、確実にモノやサービスを購入している。つまり、**すべての情報をシャットアウトしているわけでは決してない**のだ。

限られた時間の中で、大量の情報の中から好きなものだけを選んで消費する生活者に対して、どうメッセージを発すれば、「マインド・バリア」を突破できるのだろうか。

多様化した商品をより細かくマーケティングすれば、購買に結びつくのだろうか。

「マインド・ホール」はどこにある？

すでに生活者の6割以上に普及しているスマートフォン。その中でも群を抜いて好まれているのが、ｉＰｈｏｎｅ（アップル）だ。

ｉＰｈｏｎｅがなぜ売れたのかを考える際、一般的にはｉＰｈｏｎｅという商品自体に着目して検討を始めることが多いのではないだろうか。たとえば、調査の対象となる人を、「すでにｉＰｈｏｎｅを購入している人」「ｉＰｈｏｎｅ以外のスマホを使用している人」「スマホを使っていないが、今後買い換えようと思っている人」「今後もスマホに買い換える予定がない人」といったグループに分け、それぞれにリサーチをかける、といったように。商品の購買はあくまで商品起点、モノ起点になりがちなのだ。

図表1-9｜iPhoneの購入または非購入の理由例

スタイリッシュ！！
主人に言われたから替えた
かっこいいから買った
キャッシュバックキャンペーンを調べて買った
初期に購入して周りにも買わせた
周りが持ち始めたから買った
ショップに行って初めて存在を知った
スマホは自分には必要ないからいらない。ガラケーで十分
自分には合わない。マニュアルがついていないのが嫌！
買おうと思ってお店に行ったが、保証のことを考えて結局、別機種を購入

※生活者インタビューでの発言

ところが、**同じ行動を生活者起点、つまりひと起点で見ていくと、様相はかなり異なっている**。これはビデオリサーチが行っている生活者インタビューの一部だ。

かっこいいから買った、スタイリッシュだから、という意見。
いち早く購入し、周囲にも強く勧めた、という意見。
周囲が持ち始めたから、家族に勧められたから、という意見。
キャッシュバックを期待して、という意見。

同じｉＰｈｏｎｅを購入しているはずなのに、ｉＰｈｏｎｅが選ばれた理由はひとつではなく、むしろかなり異なっていることがわかる。

同時に、買っていない人の理由も、「スマホは不要」と考えている意見もあれば、「マニュアルが付属していないことが嫌」とする意見もあり、やはり一様ではない。

「コミュニケーション・カオス」の中で、生活者はごく一部の情報しか受け取れなくなっている一方で、表面的には同じはずのｉＰｈｏｎｅを買うという行動が、一様に同じメッセージを得て行われているわけではないことに、「コミュニケーション・カオス」を読み解くヒントが隠されているのではないだろうか。

そのためには、モノが売れたことだけに注目するのではなく、**どのようにメッセージが生活者に届いたのか、あるいは届いていないのかに注目することが大切だ。**

今日のようなカオス化している社会でも、生活者一人ひとりの「心に響く」メッセージは、しっかりと届いている。むしろ、生活者のほうから好んで集めに来る。そこだけが、**「マインド・バリア」を通過できる「穴」**なのだ。

私たちはこの穴を**「マインド・ホール」と名付けた。**

スタイリッシュと考えてiPhoneを買った人は、「スタイリッシュと感じること」こそが「マインド・ホール」であり、洋服やクルマもスタイリッシュと感じた瞬間に買うのではないか。

周囲が持ち始めたからiPhoneを選んだ人は、「他人の推薦」が「マインド・ホール」になっていて、次の旅行先は人気ランキングを参考に決めるかもしれない、といったクセがあるのではないだろうか。

スティーブ・ジョブズの考えに共鳴してiPhoneを買い続けている人は、機能やデザインよりも、ブランドのヒストリーやストーリー性が「マインド・ホール」になっているのではないか。

もしこの仮説が有効ならば、購買履歴という過去のデータだけに着目し、後追いで考えざるを得ないマーケティングから、**情報の取捨選択のパターンという根本的な要素を踏まえたうえで先回りしたり、同じ商品の売り方を変えたり、より効率的なマーケティングを行うことができる**のではないか。

そこで私たちは、ビデオリサーチの保有している膨大な生活者データを分析し、「マインド・ホール」のありかと類型化を試みた。

「マインド・ホール」は、どこに、どんな形で存在するのか。次の章でその分析、検証を試みる。

第2章

「マインド・ホール」を探せ！

──膨大なデータから何が見えるのか？

カオス化した現代社会の捉え方

「コミュニケーション・カオス」と化した複雑な現代社会に暮らしている生活者を、どうすれば捉えられるのか。もしも絡んだ糸を解きほぐし、シンプルなパターン化ができれば、大きなビジネスチャンスに転換できるはずだ。

生活者の変化をつかみ、最新の動きを解明する試みは、これまでも広く、さまざまなアプローチで行われている。

その典型的な例は、目立った傾向や流行をタイムリーに捉え、わかりやすいネーミングを施した、ある種のカテゴライズだろう。

たとえば、「草食系」や「アクティブ・シニア」。あるいは、「マイルド・ヤンキー」。どれも人口動態や社会的な背景、流行しているモノ・サービスと結びつけて語ることができるし、多くの生活者が実感として情景やエピソードを思い浮かべやすく、納得しやすいアプローチだ。

特徴をつかむことは大切だが、いわゆる「尖った」グループの出現をどの程度正面から捉えるべきなのか、それをマーケティング戦略の軸に据えてもよいのかどうかは、そのままでは判断が難しい。もしそれが生活者全体の数％しか占めないできごとに過ぎなければ、導き出される戦略は高い確率で失敗してしまうに違いないからだ。「アクティブ・シニア」と呼ばれる生活者の傾向、「マイルド・ヤンキー」的な考え方を持つ人たちの比率。それらが現代社会全体においてどの程度のインパクトがあり、またどう変化しつつあるのかを、マクロ的、かつ定量的に捉えることこそが大切なのではないだろうか。

生活者の視点に立ち、生活者全体の根本的なマインドの変化を努めて客観的に捉える。それが、ビデオリサーチの生活者研究のテーマであり、実際の戦略レベルで活用できる知見となるはずだ。

第1章では、現代社会を生きる生活者は複雑で高い「マインド・バリア」に囲まれているものの、ひと視点に立てば、壁を突破できる「マインド・ホール」が存在する可能性を指摘した。

第2章では、ビデオリサーチが長期間蓄積してきた生活者データを新たな視点で分析し直すことにより、生活者の中に存在する「マインド・ホール」のパターン化を試みた過程をご紹介しよう。

結論として私たちは、**生活者には一人ひとり「考え方のクセ」があり、それに基づいて**

行動している、というシンプルな仮説を立てるに至った。生活者は、カテゴリーを問わず、モノや情報に向き合う姿勢は常に変わらないのだ。

最終的に6つのパターンに分けることになるのだが、その理由、発見の背景を説明する前に、話をわかりやすくするため、まずは具体的な生活者の姿から見ていただくことにしよう。

ある人の「考え方のクセ」

まず、図表2－1をご覧いただきたい。これは、実在する39歳男性のインタビュー結果をまとめたものだ。さまざまな物事について、選択した理由を聞いている。

まず、自分自身については、「常に落ち着いて冷静な判断ができるようになりたい」と答えていた。

購入したある店のパンを手にした理由を尋ねると、「日が経っても柔らかさが持続」し、その店の主人が「有名なパン屋から独立」し、さらに「テレビに出演していた」などのうんちくを、5分間にわたって熱弁した。

最近買った飲料品についても、ペットボトルのラベルに小さく書かれている「プラズマ

図表2-1 論理的な生活者の「考え方のクセ」（39歳男性の例）

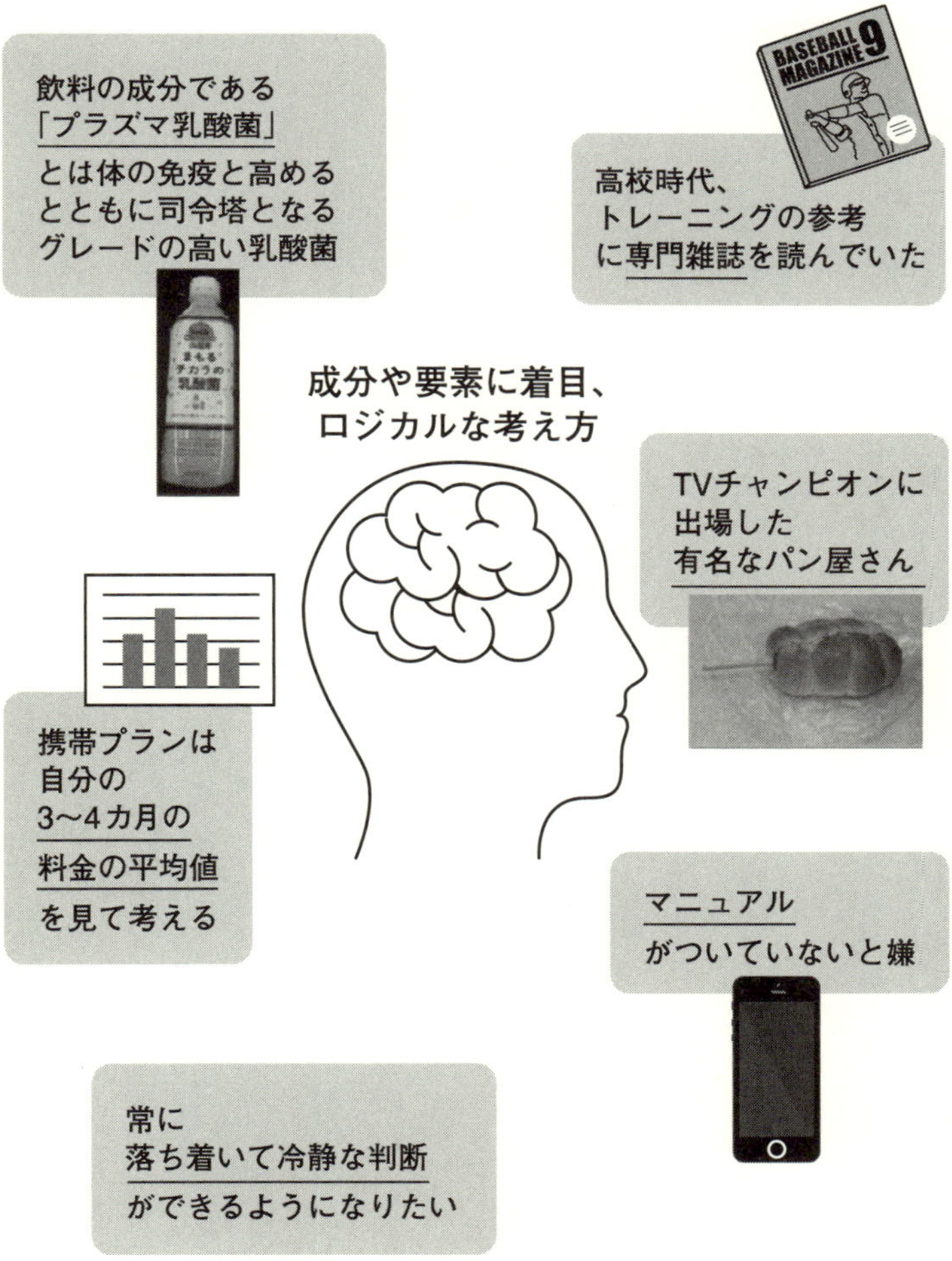
飲料の成分である「プラズマ乳酸菌」とは体の免疫と高めるとともに司令塔となるグレードの高い乳酸菌
高校時代、トレーニングの参考に専門雑誌を読んでいた
BASEBALL MAGAZINE 9
成分や要素に着目、ロジカルな考え方
TVチャンピオンに出場した有名なパン屋さん
携帯プランは自分の3〜4カ月の料金の平均値を見て考える
マニュアルがついていないと嫌
常に落ち着いて冷静な判断ができるようになりたい

乳酸菌」の意味をよく知っていて、メーカーが表示している情報以外にも、自ら調べた詳細な知識を交えて購入を判断していたし、携帯電話の料金プランを決める際も、過去3～4カ月にわたる自身の利用料金の平均額を算出して判断していた。

共通するのは、**常に成分や要素を検討し、ロジカルに捉えようとしているスタイル**だった。

今度は、ある40歳女性に対して同様のインタビューを行った結果を見ていこう。

自分自身に関しては、「年齢を忘れてしまう感覚が常にある」と答えていた。そして、購買の動機がことごとくイメージ優先、直感的なのだ。

形やデザインに「ピンときた！」、個性的なファッションに惹かれた、自身の一生さえ左右しかねない仕事の選択の際ですら、「ひらめいた！　色が好きだから、フラワーアレンジメントの道を進んでいこう！」というふうに**自身の感性、感覚を最大の判断材料にしている**ことが窺えたのだ。

現代の生活者は、複雑化しているように見えているが、実は自分の考え方における何らかの法則、原則に基づいて動いている。

39歳男性にビールを、40歳女性に化粧水を売るのではなく、本当はロジカルな考え方のクセを持つ人には化粧水の知識や情報をロジカルに説明すれば、イメージを優先する考え

図表2-2 | 直感重視の生活者の「考え方のクセ」(40歳女性の例)

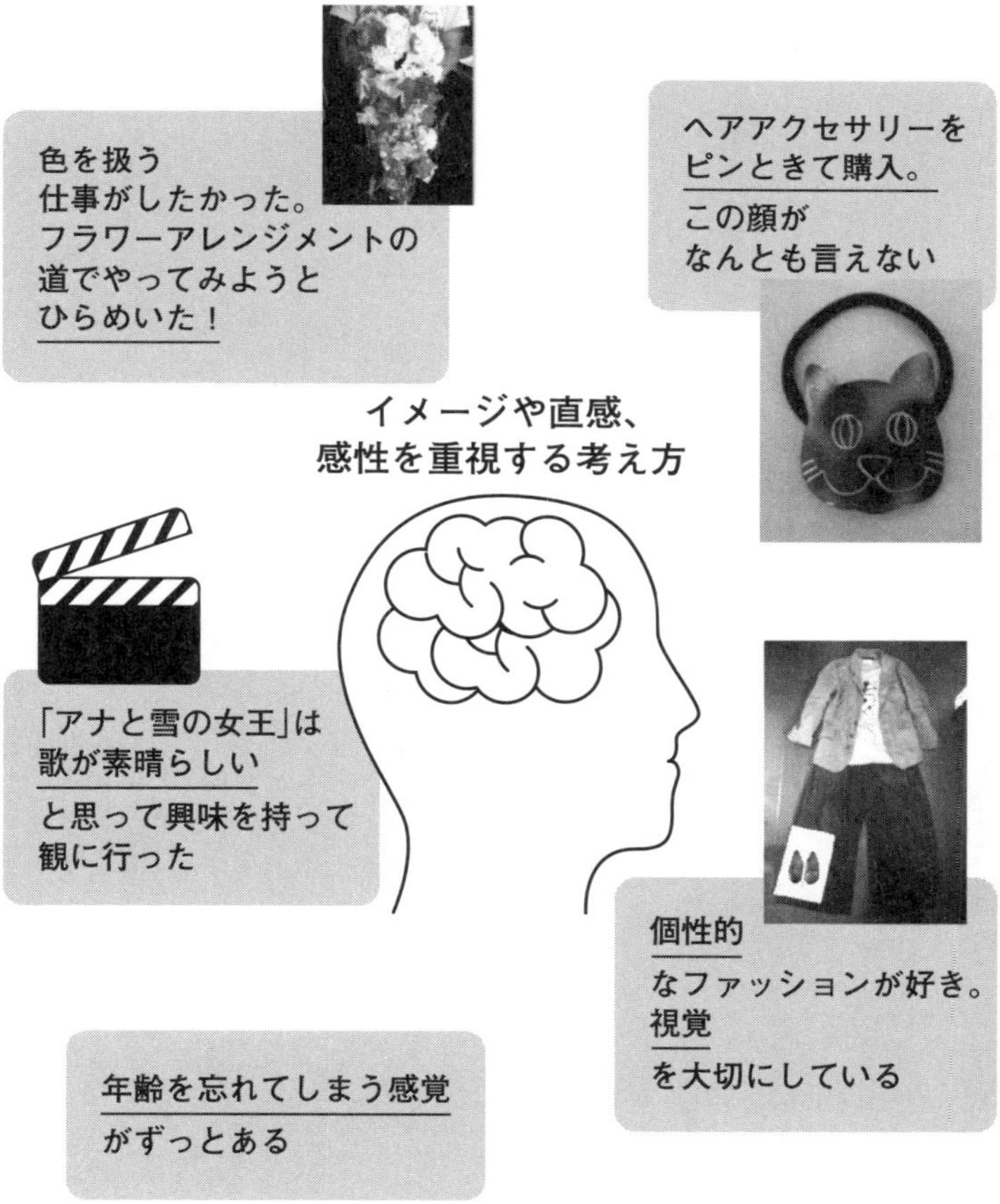
色を扱う
仕事がしたかった。
フラワーアレンジメントの
道でやってみようと
ひらめいた！
ヘアアクセサリーを
ピンときて購入。
この顔が
なんとも言えない
イメージや直感、
感性を重視する考え方
「アナと雪の女王」は
歌が素晴らしい
と思って興味を持って
観に行った
個性的
なファッションが好き。
視覚
を大切にしている
年齢を忘れてしまう感覚
がずっとある

方を持っている人には美しいデザインのビールを差し出せば、年齢や性別に関係なく手に取ってもらえるのではないか。

商品のカテゴリーによって変化することのない「考え方のクセ」。そこに、デモグラフィック属性や生活者行動モデルでは見えなかった「マインド・ホール」の姿が見えてくる。

生活者をフラットに捉えるモデル「ACR／ex」

タネ明かしをすると、この2名は、私たちがこの後説明する仮説を検証するためにインタビューした対象者の、代表的な例である。

尖った個別的、具体的例を挙げて全体を類推しているのではない。現代社会の生活者を考え方のクセによってグループ分けするロジックを作成し、「ロジカル」なグループ、「直感的」なグループに当てはまる対象者をインタビューしたところ、私たちも驚くほど鮮やかな結果が得られたのだ。

私たちが分析に使用したデータは、ビデオリサーチの生活者データ、ACR（Audience and Consumer Report）、およびその進化版として、2014年から取得情報、調査頻度、サンプル数を拡大したＡＣＲ／ｅｘである。

ＡＣＲ／ｅｘは、東京50km圏をはじめ、関西、名古屋など全国７地区において、男女12～69歳を対象に計１万７００人を無作為抽出*し、了承を得たうえで調査専用のタブレット端末（電子調査票）を貸与、通信により対象者と一定期間つながり続けることで、どのような生活者なのか、そしてどんなオーディエンス（視聴者）なのかを全方位的に答えてもらう調査だ。

調査対象者を無作為に選んでいることに特徴があり、それにより得られるのは**偏りの少ない「現代社会の縮図」となるデータ、市場の全体推計を可能とするデータ**である。

さて、生活者を探る全方位的な調査と聞かされても、すぐにはなかなか想像しにくいかもしれない。

設問数は、２０１４年版で１６５９に上る。内容は、日常生活における意識、消費行動、生活行動、視聴行動……と、多岐にわたる（図表２－３参照）。

特定の商品カテゴリー、あるいは個別の商品やブランドについての接触度の質問も、社会情勢や市場動向を踏まえて毎年調整しながら組み込まれる。

たとえば、あるブランドに関心の高い人はどのようにインターネットを使っているのか、どんな雑誌を読んでいるのか、週に何回コンビニエンスストアに行くのか、などが立

＊調査対象母集団から無作為に一定数の標本を抽出して調査し、全体を推し量る方法。国勢調査に代表される「全数調査」ほどコストと時間をかけない一方、モニター調査に代表される偏りも極力排除できる。

図表2-3 ACR／exの調査票　質問項目例

ヒト関連

Q:着るものにお金をかけるほう？
Q:無農薬・有機野菜を買うようにしている？
Q:体調を崩すとまず市販薬を飲む？
Q:社会的地位は重要？
Q:広告より口コミを信頼する？
・
・
・

モノ関連

Q:健康食品は自分で銘柄を選ぶ？
Q:パソコンをどこで買う？
Q:テレビショッピングをどのぐらいの頻度で利用する？
Q:「●●●コーヒー」知ってる？飲んでる?? 買いたい???
Q:スマホ持ってる？ タブレット端末ほしい？
・
・
・

メディア関連

Q:健康に関心がある人たちがよくテレビを見ている時間は？
Q:スマホを使ったネットの利用時間帯は？
Q:読んでいる雑誌は？
Q:電車のドア上にある液晶モニターはよく見る？
Q:秋葉原の来街率は？
・
・
・

ちどころに分析でき、マーケティングやプランニングにおける戦略の裏打ちや、プレゼンテーションの補強などさまざまなシーンで利用されている。**民間企業が行っている市場把握のための生活者データベースとしては、日本最大級**のものである。

近年は、インターネットを用いたアンケート調査が多用されている。事前のスクリーニングを行うことで調査対象者を条件該当者だけに絞り込むことが可能で、また調査結果も短期間で得ることができる。ただし、ほとんどのインターネット調査では調査対象者が「何らかのモニターに登録した人＝自らアンケート協力に手を挙げた人」である点に留意する必要がある。またその登録の経路、すなわちモニターパネルごとに特性が異なる点にも留意すべきである。

これに対し、ＡＣＲ／ｅｘは対象者を調査エリア内の居住者全体から無作為に選定しており、偏りの少ない、市場の縮図となるデータである。

ちなみにＡＣＲ／ｅｘのデータから「いずれかのネットリサーチモニターに登録している」人の割合を探ると、２０１１年７％→２０１２年８％→２０１３年９％→２０１４年９％→２０１５年10％と徐々に増えてきてはいるものの、２０１５年でも全体の１割程度に留まっている（なお、「依頼されたものはほぼ協力する」人の割合は過去からあまり変わらず3～4%前後で推移している)。モニター調査と無作為抽出調査は目的が異なるものではあるが、市場のセグメント、ターゲット選定においては後者の活用が有効といえる。

情報摂取と選択を、一連の動きとして考える

ところが、ＡＣＲ／ｅｘのデータは、膨大かつ長期間にわたるため、ある意味ではあまりに巨大すぎて、ビデオリサーチ自身も必ずしも有効に活かしきれていなかったといえる。

データが細かく、微細な分析ができるということは、細かく分析すればするほど、かえって全体的な戦略への落とし込み方が見えにくくなってしまうきらいが生じかねない。データの厚みを活かしながら、もう少しわかりやすい形で、しかもシンプルな方法で、課題解決に応用することはできないか。ビデオリサーチでは、そんな試行錯誤がここ数年続いていた。

その一環として、２０１１年から、「意識項目」の調査をより充実させることにした。意識とは、自分自身の性格、考え方のことだ。買い物のきっかけについて、ファッショ

ンについて、最近の悩みについて、環境・社会活動について……いったいどんな意識を、どの程度持っているのか。そこにデモグラフィック属性だけでは分類しきれない「何か」が潜んでいるのではないかという期待から、調査対象者の内面、心理的側面により踏み込んだ調査を、生活者をセグメントしようという目的で充実させた。当初は、意図的に対象者の考え方のクセを探ろうという狙いはなかった。

モノ起点ではなくひと起点で生活者が行動する。そう考える際にまず思い起こすのは、マーケティングでは一般的な消費者行動モデル「S－O－Rモデル」*である。

消費者をStimulus（刺激）、Organism（心理的構成概念）、Response（反応）から捉えたもので、消費者の内面を解明しようとしたところに特徴がある。

そこで私たちは、**ACRの「意識項目」に「S－O－Rモデル」の考え方を当てはめ、研究を進めることにした。**

私たちは、「S（刺激）」を与えられたことによって起きる「O（心理的な変化）」に、その人個人に特徴的なクセがあり、類型化できるのではないかという仮説を立てた。

生活者視点でわかりやすく言い換えると、**刺激とは、人の中にインプットされていく「情報」のこと。反応とは、実際の購買行動に代表されるアウトプットとしての「選択」のこと。そして、その間をつないでいるものが、「考え方のクセ」**という解釈だ。

＊消費者の行動を、Stimulus（刺激）、Organism（心理的構成概念）、Response（反応）から捉える考え方。製品や広告に触れたり、情報を受け取ったり（刺激）した結果、購買行動（反応）に結びつくが、その間にどんな心理的な反応があるかに注目する。

図表2-4｜消費者行動研究の「S-O-Rモデル」と「考え方のクセ」の対応関係

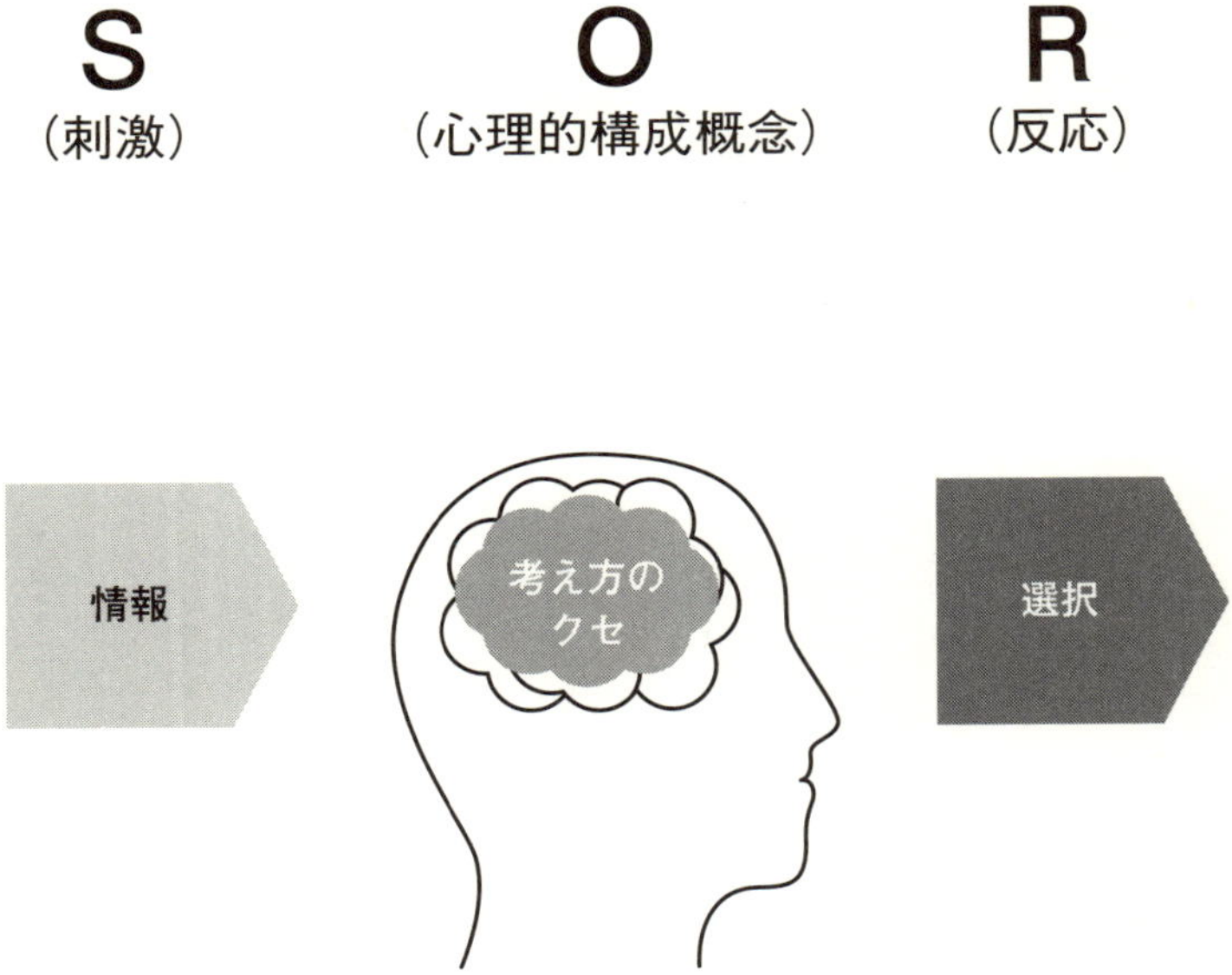

マーケティングにおける一般的なクラスター分析では、情報の摂取を購買行動とは直接結びつけずに扱うケースが多かった。モノ起点とは、まさにこの状態である。

しかし、実際の購買行動は、個々人が何らかの情報を摂取し、何らかの心理的なプロセスを経た結果であるはずだ。ならば、両者を掛け合わせたクラスタリングをしない限り、一般的な施策には反映しにくい。

そこで私たちは、ACRの「意識項目」にどう答えたかによって、**情報の摂取と購買行動の選択との関係性を分析すれば、何らかの法則性が見出だせるのではないかと考えた**のである。

「考え方のクセ」分析のステップ

ACR/exのデータのもっともシンプルな利用方法が、任意の質問項目への回答ごとに、他の質問にどう答えているかを参照することだ。

そこで私たちは、新たに拡充された「意識項目」をキーとして、サンプル個別データ(ローデータ)に多変量解析をかけた。

その具体的な手法やプロセスを詳らかにすることはできないが、**情報に対する「受信感**

度」「詳細欲求」「情報発信力」、購買に対する「購買愛好」「異化性向」「こだわり」といった情報や選択にまつわる意識において、際立った反応の違いを探りながら、さまざまな分析を試みた。

すると、手前味噌になってしまうが、最終的に面白いくらいシンプルで、切れ味のよい法則性が浮き出てくることを発見した。

当初は、使い勝手のよさを念頭に、7～10程度のグループに絞り込むことを目標としていたにもかかわらず、実際には、さらにシンプルなグループに収束した。

データから浮かび上がってくる行動から、それぞれのグループが持っているはずの、リアルな姿を想像した。より具体的なイメージを探るため、「考え方のクセ」のタイプを判定するプログラムを開発し、50人以上の一般生活者を招いてそれぞれのグループに分類。グループインタビューを重ねて定性的な情報の摂取や購買行動などを具体的に探った。その際の代表的な例が、先ほどご覧いただいた2人のケースである。

その後、より新しいデータによって検証作業を重ねた結果が、これからご紹介する6タイプのプロファイリング、「考え方のクセ」の分析ステップだ（図表2－5）。

図表2-5 生活者の「考え方のクセ」についての分析ステップ

	STEP1 分類	STEP2 理解	STEP3 検証
調査手法	エリア・ランダム・サンプリング標本抽出 訪問による質問紙留置法	グループインタビュー	エリア・ランダム・サンプリング標本抽出 訪問による調査対象者説得、電子調査票による調査
調査エリア	東京30km圏、関西、名古屋、北部九州、札幌、仙台、広島	1都3県	東京50km圏、関西、名古屋、北部九州、札幌、仙台、広島
対象者	男女12〜69歳	男女35〜44歳 男性：既婚、子あり、フルタイム 女性：既婚、子あり、主婦orパート	男女12〜69歳
サンプル数	8,700s	50s	10,700s

注：ステップ2の「理解」以降は、世代や年齢などの影響を除くために30〜40代に絞り込んでプロファイリングを実施

「考え方のクセ」による分類

　私たちは、**生活者がどのように情報に関与し、購買行動などに至る選択基準を持っているのかを、「考え方のクセ」として6パターンに分類した。**その方向性をプロット図で示したのが、図表2－6である。

　横軸は、情報や選択に対して「自発的」か「他発的」か。そして縦軸は、「イメージ」を重視するか、「機能」を重視するかだ。「ブランド」重視か、「実用性」重視かともいえる。

　それぞれの「考え方のクセ」には、グループインタビューで補足的に得られた姿も参考にしながら、マーケティング戦略を考える際にイメージの湧きやすいネーミングを施し、典型的な姿をイラストで書き起こした。

　「自発的」とは、つまり「自分の意思で選択をする」、「他発的」は、「他人の様子を見て、自分の振る舞いが決まる」という意味である。

　「情報」はまず「自発的」な人に入り、「他発的」な人たちに普及していく。結果として、購買などに代表される「選択」も、「自発的」な人から「他発的」な人の順でなされてい

図表2-6 |「考え方のクセ」による6タイプ

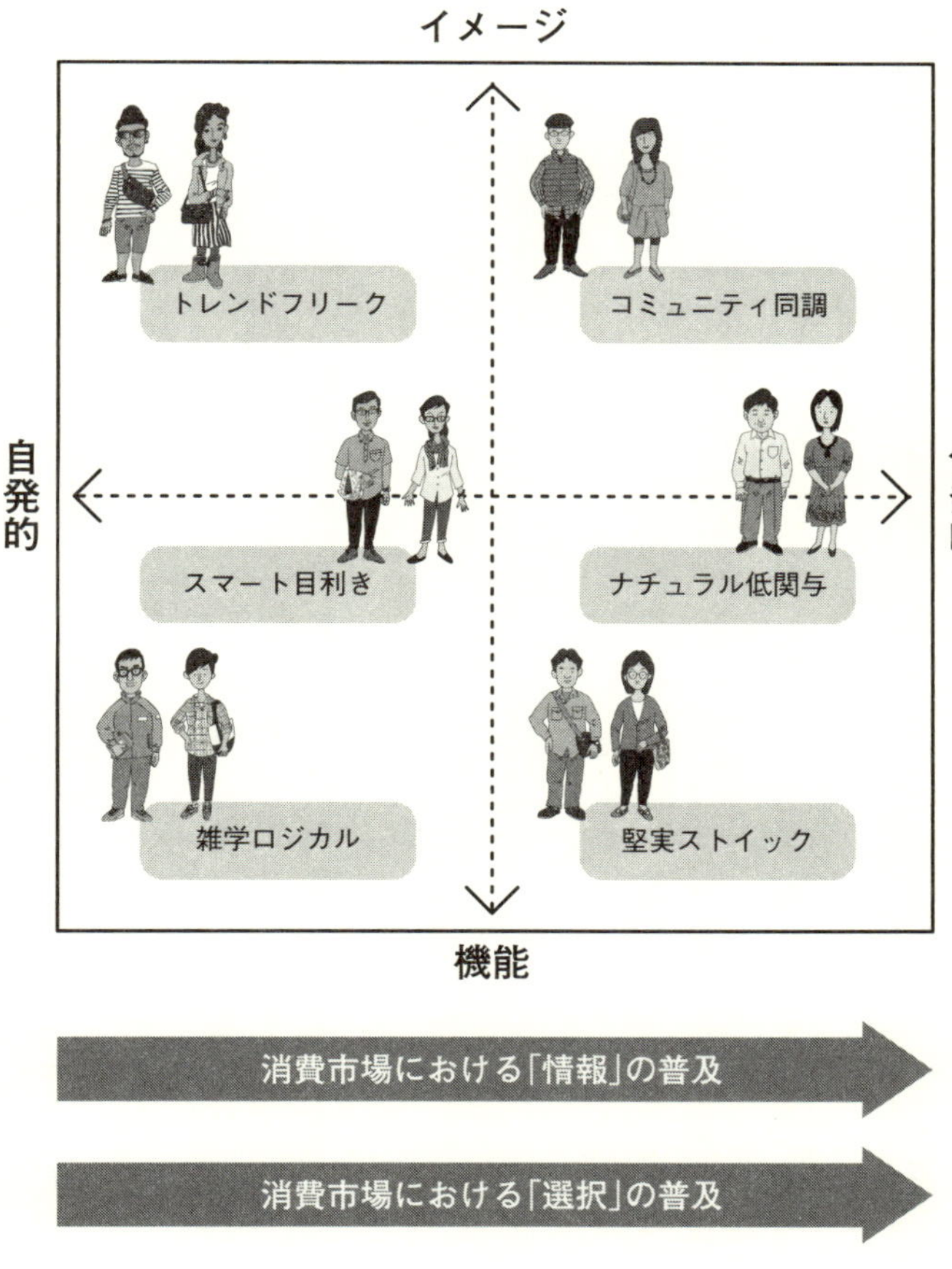

く。

「コミュニケーション・カオス」の現代社会は、情報の普及スピードが非常に速い。しかし6タイプに分けて考えると、情報も選択（流行）も、「自発的」なグループから「他発的」なグループに流れているケースが多いことがわかった。**入り組んでいるようで、大きな流れは案外シンプルだった**のだ。

それぞれのタイプの詳細は、第3章でじっくりと解説していく。

「考え方のクセ」は商品カテゴリーによって変化しない

私たちの提案する「考え方のクセ」の重要なポイントは、モノやサービスをはじめとするあらゆる物事について、ある「考え方のクセ」を持っている人は、カテゴリー問わず同じ視点で見ていることである。

この章の冒頭で紹介した例のとおり、「考え方のクセ」は、商品カテゴリーによって変化しないのだ。

今まではどちらかというと、モノやサービスに応じて視点が変わるという考え方が多く、マーケティングの対象となるモノやサービスを起点として、簡単にセグメントを変えてしまっていた。

結局は好きかどうか、関心があるかどうかに左右されると考えられてきたのだ。

しかし、私たちは、あくまで**「考え方のクセ」は人に結びついているもので、どんな商品カテゴリーと結びついても、変化はしないと考える**。

たとえば、独身男性は一般にベビーカーには関心を持たない。何がはやっているのかも、そこにどんなうんちくがあるのかも、他人はどのような商品を選択しているのかにも無関心だろう。こうした状況を、今までのマーケティングでは、単に「ベビーカーに関心を持たない層」として捉えているに過ぎなかった。

しかし、私たちの視点は異なる。

「考え方のクセ」は、情報選択、個人的な内面を表すものだから、彼らがひとたび子どもを持つことになれば、そこにもがぜん「考え方のクセ」が現れ始めるのだ。

商品に対する関与の大小で「考え方のクセ」が顕在化する度合いは変わるが、ロジカルに考える人は何に対しても常にロジカルであり、周囲と同調することを好む人は、やはり何に対しても常に同調する。

イノベーター理論との違い

よく知られている「イノベーター理論」*と、私たちの提案する「考え方のクセ」との違いは、まさにここにある。

イノベーター理論は、まさにモノ起点の発想である。同じ人でも、対象への関心の度合いによって「アーリーアダプター」になったり「レイトマジョリティ」になったりするからだ。

ということは、同種の商品やサービスに対しては既存のデータを応用できるが、商品やジャンルが変わってしまえば、常にゼロからの再構築を強いられることになる。

しかし、私たちの提案する「考え方のクセ」では、同じ人には常に同じタイプのアプローチが有効だと考える。

クルマにこだわりがある人が洗剤にこだわるとは限らないと捉えるのではなく、同じ人であれば、クルマであろうと洗剤であろうと同じ考え方をするのであり、同じタイプのアプローチが有効なのだ。

「考え方のクセ」は、人生観を根底から覆されるような衝撃的なことでもない限り変わら

*アメリカの社会学者、ロジャースが提唱した理論。新製品や新サービスの普及を購入態度と時間の経過から、「イノベーター」「アーリーアダプター」「アーリーマジョリティ」「レイトマジョリティ」「ラガード」の5グループに分け、マーケティングやライフサイクルなどの分析に用いる。

ない。簡単にいえば、「三つ子の魂百まで」なのだ。

「考え方のクセ」がわかれば、生活者へのよりよいメッセージの「届け方」、「伝え方」も自ずと見えてくる。つまり、どこに「マインド・ホール」があり、どうすれば通過させられるのかもわかるということなのだ。

次の章で、定量データ分析とインタビューから浮かび上がってきた6タイプの「考え方のクセ」を、具体的に見ていこう。きっと、家族や友人、同僚などを思い起こしながら読んでいただくことになるだろう。

また、113ページに掲載したQRコードから、読者の皆さんの「考え方のクセ」がどのタイプに該当するのかを判別するサイトにアクセスできる。ぜひ確認してみてほしい。

第3章

「考え方のクセ」をつかめ！

――6タイプ別生活者の新しい捉え方

トレンドフリーク

全方位肉食系。オトナ"リア充"

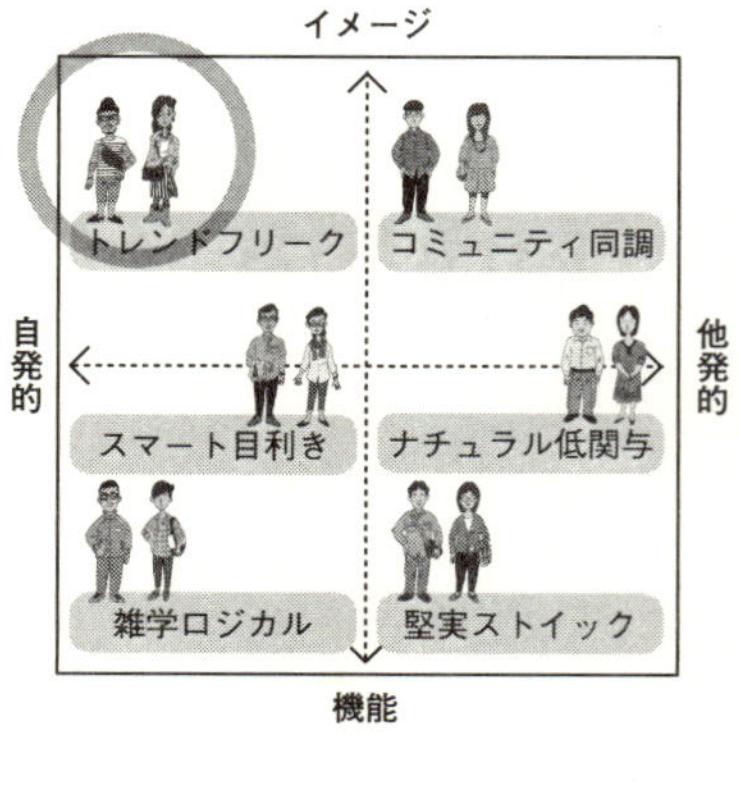

「トレンドフリーク」タイプの特徴

□直感や感性を重視する。

□新しいものや流行に敏感である。

□「有名ブランド」や「流行もの」、「新しいもの」が好きで購買意欲を抑えられない。

□積極的に「情報収集」しながら、「情報発信」も積極的に行う。

□表参道で毎日行列のできている人気ポップコーン店に最初に並んだのはこの人たちだと考えられる。

□「情報」と「選択」の意識では、圧倒的に「選択」が強い。

「トレンドフリーク」タイプの特徴

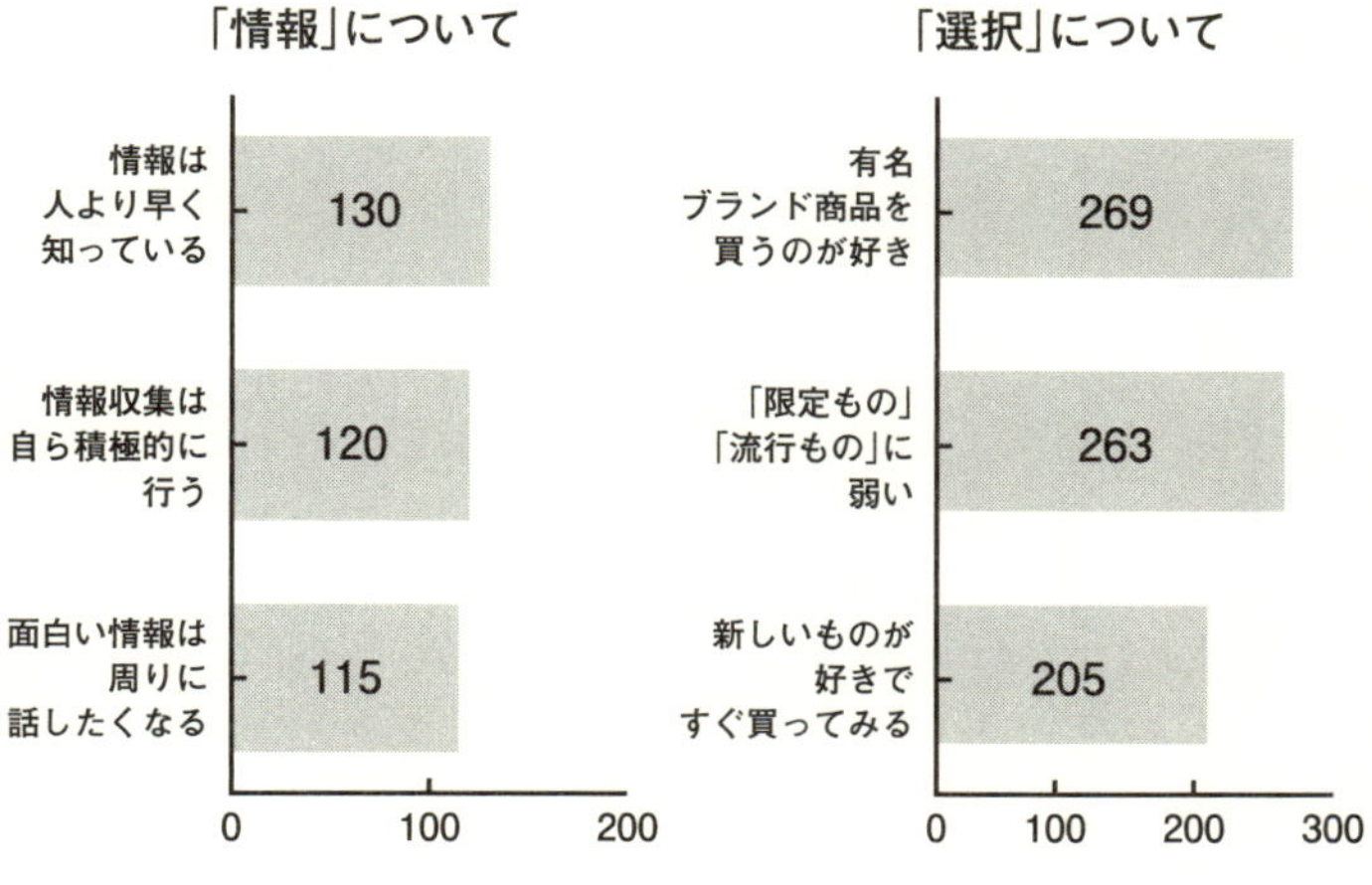

※ACR／ex2014年4～6月データ（7地区計）、男女30～49歳平均値を100として指数化

トレンドフリーク

これからご覧いただく各タイプ別のデータは、ACR／ex（2014年4～6月・7地区計データ）で検証した結果得られた定量データだ。ここからは、世代や年齢などの影響を除くために30～40代に絞り込んでプロファイルしていく。第2章で見たとおり、インプットとして「情報」に関する意識を、アウトプットとして購買をはじめとした「選択」への意識を見ている。そして表示しているスコアは、男女30～40代の平均を100として指数化したものだ。

「トレンドフリーク」の考え方で特徴的なのは、「情報」と「選択」では、圧倒的に「選択」側のスコアが強く出ていることだ。

「有名ブランドの商品を買うことが好き」、「限定もの・流行ものに弱い」、「新しいものが好き」などに高いスコアを示し、**好奇心が旺盛**で、こうしたものに接すると**購買意欲を抑えられない**人たちであることが確認できる。

また、「情報」の意識を見ても、積極的に「情報収集」をしながら、同時に「情報発信」も積極的に行う姿が浮かんでくる。

図表3-1　「トレンドフリーク」タイプの買い物例

銀座の
フォーティセカンド
ロイヤルハイランド
＝ブランド重視
ブラウンに一目惚れ
＝直感
気に入ったから
2足買っちゃえ！
＝抑えられない購買意欲

「トレンドフリーク」は、直感や感性を重視し、新しいものや流行に敏感で、すべてに旺盛な意欲を持つ「全方位肉食系」。いわば、オトナ〝リア充〟タイプである。

毎日行列のできている飲食店に初日に並ぶのは、このタイプの考え方をしている人たちだと思われる。

続いて、定性的に見えてきた「トレンドフリーク」の具体的、典型的な姿を紹介しよう。

上の写真は、ある「トレンドフリーク」の対象者がグループインタビューの際、「最近購入して気に入っているもの」として持参してくれた写真だ。

靴を紹介する際、第一声はブランド名からだった。東京・銀座のフォーティセカンドロイヤルハイランドの靴であることが何よりも大切、という考え方に、ブランド重視という特徴が出ていて驚かされた。

さらに、当初ブラウンの商品に「一目惚れ」し、「直感」で購買を判断していただけでなく、「気に入ったから」という理由だけで、同型のブラックの靴も衝動買いしてしまったのだという。

この靴は、5万円以上するものだ。しかし、対象者自身は特別に金銭的に余裕があるというわけではない。妻に怒られるとわかっていながらも、その場の購買意欲がどうしても抑えられなかったという。

図表3-2 「トレンドフリーク」タイプのその他の属性

	男性		女性	
ファッション	○新しい店やニュースポットに出かける ○積極的に情報発信したい ○今までとは違った生き方をしたい		○有名人が身につけたものが欲しい ○流行には敏感である ○いろいろなアイテムでおしゃれを楽しむ	
暮らし	○新しい店やニュースポットに出かける ○積極的に情報発信したい ○今までとは違った生き方をしたい		○新しい店やニュースポットに出かける ○積極的に情報発信したい ○好きなことはとことん追求する	
	30〜40代全体	トレンドフリーク	30〜40代全体	トレンドフリーク
世帯年収	667万円	699万円	661万円	701万円
小遣い	3万1,075円	3万5,361円	1万3,854円	1万7,761円
大卒・大学院卒割合	47.7%	46.8%	27.1%	25.7%

※ACR／ex2014年4〜6月データ（7地区計）
※グラフおよび表のパーセンテージ・年収・小遣い額は、世代や年齢などの影響を除くため30〜40代に絞って掲載している。

雑学ロジカル

オレにワタシに語らせて。うんちくダイスキ

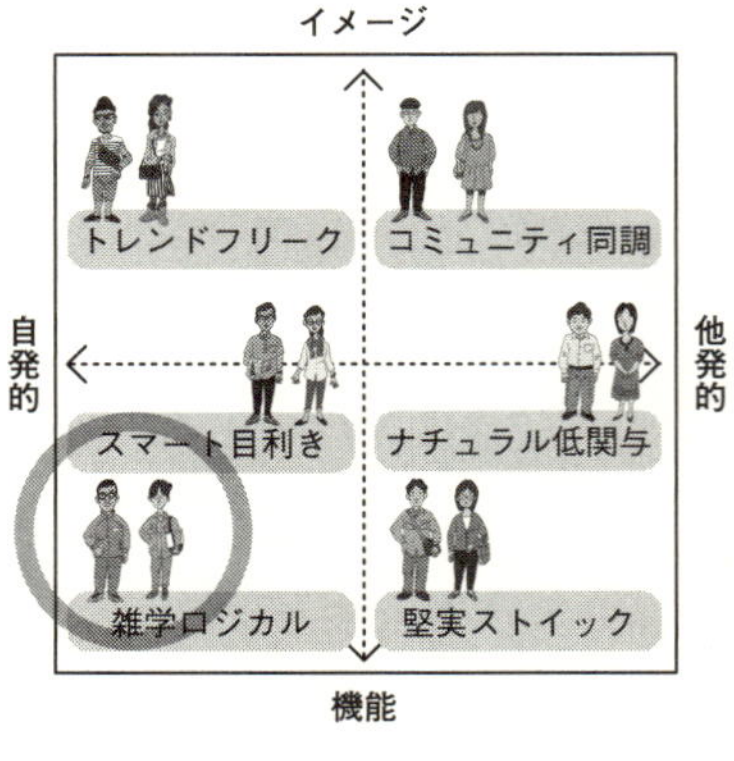

「雑学ロジカル」タイプの特徴

□スペック情報が大好きで、理屈好き。

□自分でも「うんちく」好きであることを自覚。

□「選択」よりも「情報」で高いスコアが出ている。

□「情報」は「収集」も「発信」も意欲的に行っている。

□「選択」では、「品質」のよいものを選んでいる。

「雑学ロジカル」タイプのデータ

「情報」について　　「選択」について

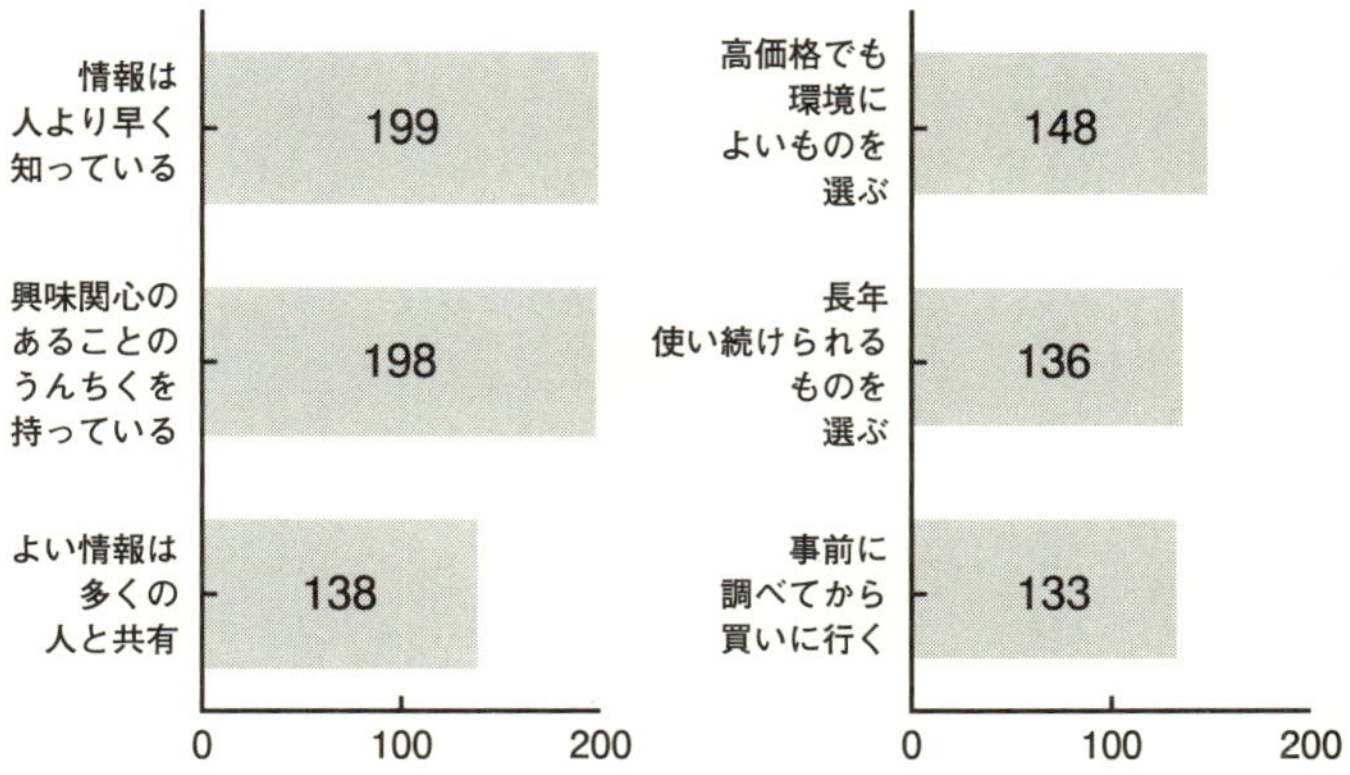

※ACR／ex2014年４～６月データ（７地区計）、男女30～49歳平均値を100として指数化

雑学ロジカル

次に、「トレンドフリーク」と同様**「自発的」でありながら**、「トレンドフリーク」とは違い、「イメージ重視」ではなく**「機能重視」タイプの考え方を持つ**、「雑学ロジカル」の考え方のクセを見ていこう。

定量データで傾向を見ると、「選択」よりも「情報」側において高いスコアが出ており、「トレンドフリーク」との明確な違いがわかる。

そして、「情報は人より早く知っている」「趣味・興味関心あることのうんちくをたくさん持っている」などの設問に対するスコアが非常に高い。自分自身が「うんちく」好きであることは強く自覚している。しかも、情報収集が素早いだけでなく、自分からの発信も意欲的に行っている。

一方で、「選択」の面を見ていくと、はっきりした選択基準があるため、有名ブランドというだけではあまり反応しない。価格が高くても環境によいもの、あるいは長年使い続けられるもの、などといった「質のよさ」を優先していることがわかる。

スペック情報が大好き。よいものに出合うため徹底した情報収集を欠かさないだけでな

図表3-3　「雑学ロジカル」タイプの買い物例

選手やコース情報の載った
ツール・ド・フランスの
公式ガイドブック
＝情報が詰まっているものを好む

テレビでは世界遺産などの
解説をしてくれるのがよい
＝うんちく好き

く、それを語り、他人に勧めることを好む。これが「雑学ロジカル」の考え方のクセだ。

　上は、「雑学ロジカル」の対象者がインタビューの際に持参した、「最近購入して気に入っているもの」の写真の例だ。世界最大の自転車レース、ツール・ド・フランスが大好きで、その公式ガイドブックを買い求めたという。

　出場選手のプロフィールやコースの紹介など、情報がたくさん詰まっていることがいたく気に入っていて、読み込んでいるそうだ。「情報」を重視し、集めることが大好きなのだ。

　実際にレースの模様をテレビ観戦する際も、スポーツとしてだけではなく、画面に映し出される風景や、世界遺産など文化財の解説が詳しくなされることがよい、と語っていた。

第2章で述べた、イノベーター理論と私たちの考える「考え方のクセ」との大きな違いの具体例が、こうした自発性の強い人びとの捉え方に表れている。イノベーター理論では、「トレンドフリーク」も「雑学ロジカル」も、モノやサービス起点で「イノベーター層」～「アーリーアダプター層」に分類されていたと考えられる。

しかし、モノやサービスが溢れる時代を迎えた今、私たちは、新しい技術自体に魅力を感じてイノベーター的行動を取る人びと＝「雑学ロジカル」と、新しい技術を「かっこいい」という価値に変換してイノベーター的行動を取る人びと、つまり「トレンドフリーク」に分かれているのではないかと考えている。

図表3-4 ｜「雑学ロジカル」タイプのその他の属性

	男性		女性	
ファッション	○新しいことをやってみるのが好き ○TPOでファッションのイメージを使い分け ○アンチエイジングに関心がある		○ファッションの好みがはっきりしている ○化粧品の機能や成分にこだわる ○新しいことをやってみるのが好き	
暮らし	○自分に自信がある ○積極的に情報発信したい ○趣味やライフワークに時間を割く		○好きなことはとことん追求する ○ファッションや言葉で自身を表現できる ○趣味やライフワークに人より時間を割く	
	30〜40代全体	雑学ロジカル	30〜40代全体	雑学ロジカル
世帯年収	667万円	691万円	661万円	669万円
小遣い	3万1,075円	3万169円	1万3,854円	1万5,712円
大卒・大学院卒割合	47.7%	57.2%	27.1%	42.3%

※ACR/ex 2014年4〜6月データ（7地区計）
※グラフおよび表のパーセンテージ・年収・小遣い額は、世代や年齢などの影響を除くため30〜40代に絞って掲載している。

スマート目利き

今よりもっと“いいもの”を。アンテナ張ってる

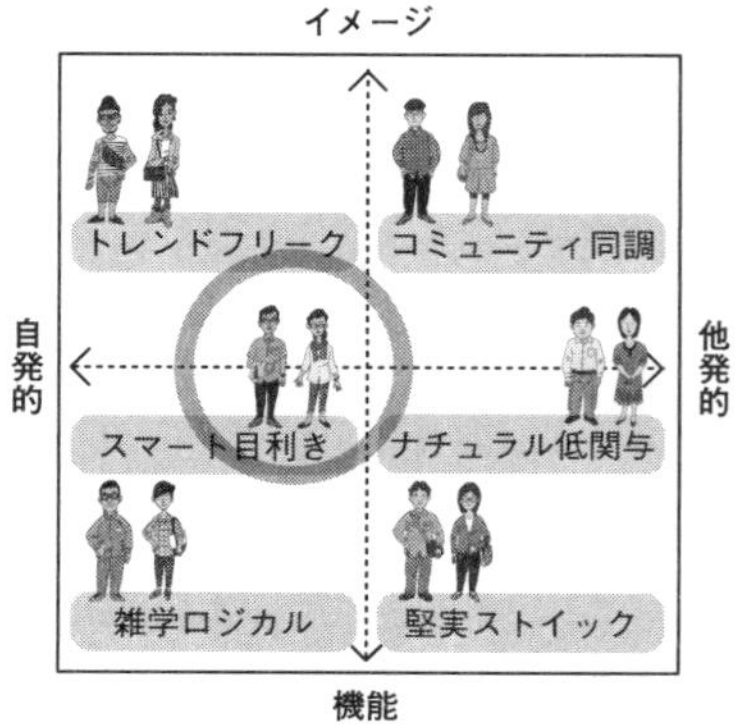

「スマート目利き」タイプの特徴

□「情報」については、イメージと機能の両方に満足した場合でないと購買につながらない。

□気に入って選択したものについては積極的に情報発信をし、「他発的」な人へ情報をつなぐ重要な役割を果たす。

□「選択」においては、好きなブランドが決まっているわけではなく、その時々に「よりよいもの」を探して選択する。

「スマート目利き」タイプのデータ

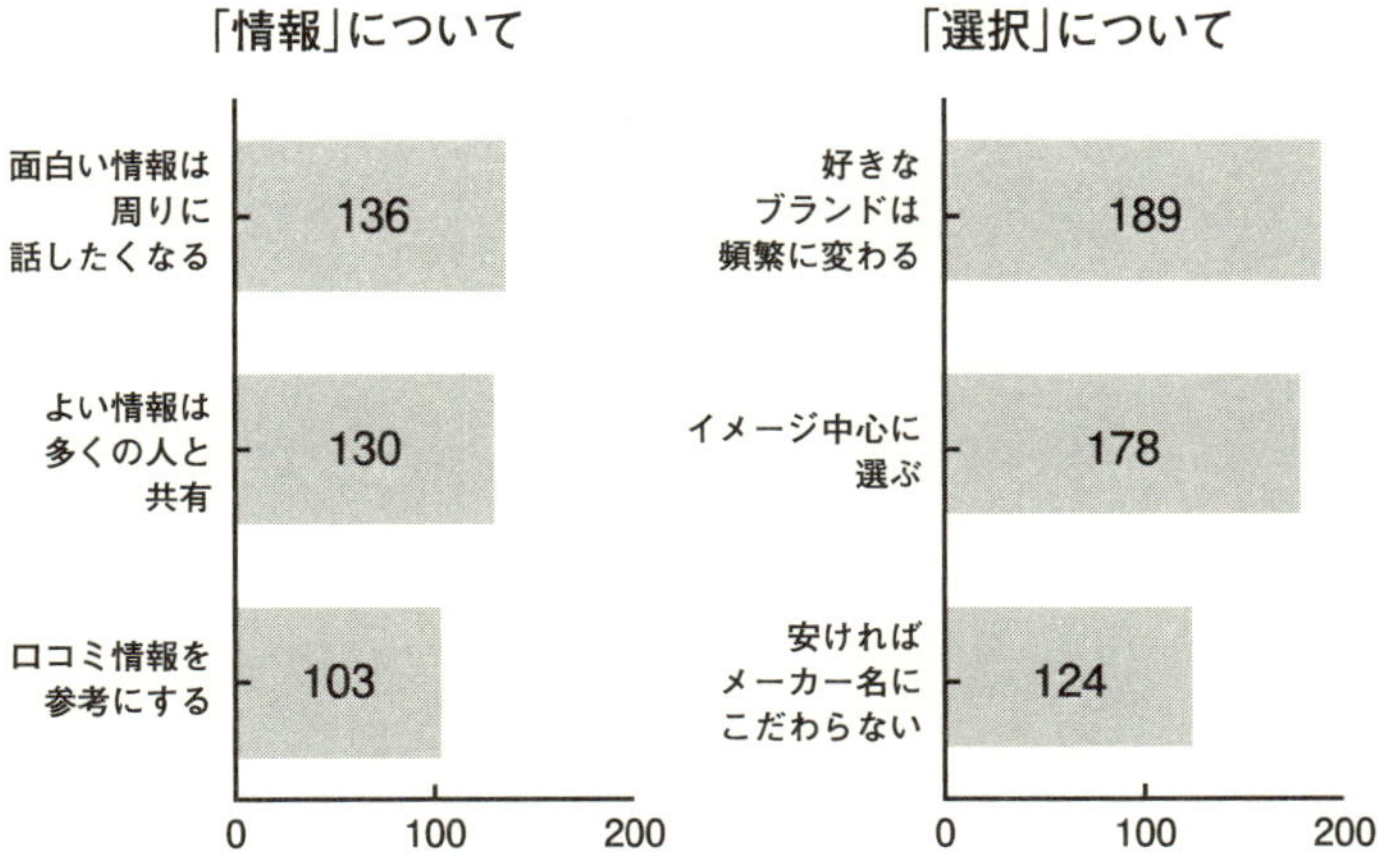

※ACR/ex 2014年4～6月データ（7地区計）、男女30～49歳平均値を100として指数化

スマート目利き

「自発的」なグループの3つ目は、「イメージ」と「機能」の中間に存在している「スマート目利き」だ。

定量データで「スマート目利き」の考え方を探っていくと、「トレンドフリーク」や「雑学ロジカル」のように「好きなブランド」「決まったアイテム」があらかじめ決まっているわけではなく、その時々に応じ、頻繁に変わることがわかる。

彼らは、**「ブランド（イメージ）」と「実用性（機能）」の両者を満たして初めて購買をし始める。**つまり、購買のハードルは高いタイプといえるだろう。

しかし、「面白いと思った情報は周りの人に話したくなる」という設問には高いスコアを示している。一度自分の基準を満たしたものであれば積極的に情報を発信してくれるため、この後見ていく**「他発的」な人びとに対して情報をつないでいく重要な役割を果たしているる**といえるだろう。

流行を押さえながら、「コスト意識」も決して忘れない。ここに、他の自発的なタイプとは異なる傾向が見られる。

図表3-5 「スマート目利き」タイプの買い物例

お土産屋で
トレンドチェック
＝流行は押さえる
北海道ビール
キャラメル
donan
その後、
地元スーパーで
お得に購入
＝コスト意識

つまり、「よりよいモノ」を探して選択している様子が窺える。常にアンテナを高く張り、よりいいものを探し続けている。まさに「目利き」的な考え方のクセなのだ。

上の写真は、「スマート目利き」とされたあるインタビュー対象者が「最近気に入って買ったもの」として持参したものである。北海道旅行の土産の定番といえるキャラメルだ。

ところが、この写真からは決して伝わらない「考え方のクセ」がある。それは、購入に至るまでの経緯に存在した、「深いインサイト（洞察）」だ。

この人は、北海道で何軒もの土産物店を回り、今何がお土産で人気なのかトレンドをチェックしたという。この「流行を押さえる」という行動は、「スマート目利き」の大きな特徴になっている。

そして、買うべきものを決めてから地元のスーパーで、同じ商品をより安い価格で購入したという。

「自発的」な考え方のクセを持つ3タイプを見てきたが、かつてはいずれも「流行・先進性を追う人びと」とひとつにくくられてきた。

私たちは、「コミュニケーション・カオス」によって、ひとつにくくられていた彼らが、イメージ・感性重視の「トレンドフリーク」、実用性志向の「雑学ロジカル」、そしてインターネットの普及と経済の長期低迷によって、たくさんの情報を集めて厳選したものだけを消費する「スマート目利き」に分かれたのではないかと考えている。

図表3-6 「スマート目利き」タイプのその他の属性

	男性		女性	
ファッション	○人と違うかっこうをしてみたい ×ファッションの好みははっきりしている		○若く見せるオシャレを心がけている ○化粧品の機能や成分にはこだわらない	
暮らし	○やすらぎよりも刺激的な生活を送りたい ×家にいるほうが好き ×無駄のないシンプルな生活を送りたい		○情報は積極的に発信したい ○やすらぎよりも刺激的な生活を送りたい ×今の生活レベルに満足している	
	30～40代全体	スマート目利き	30～40代全体	スマート目利き
世帯年収	667万円	594万円	661万円	639万円
小遣い	3万1,075円	3万772円	1万3,854円	1万3,473円
大卒・大学院卒割合	47.7%	39.3%	27.1%	23.5%

※ACR/ex 2014年4～6月データ（7地区計）
※グラフおよび表のパーセンテージ・年収・小遣い額は、世代や年齢などの影響を除くため30～40代に絞って掲載している。

コミュニティ同調

周りの意見は“ワタシ”の意見

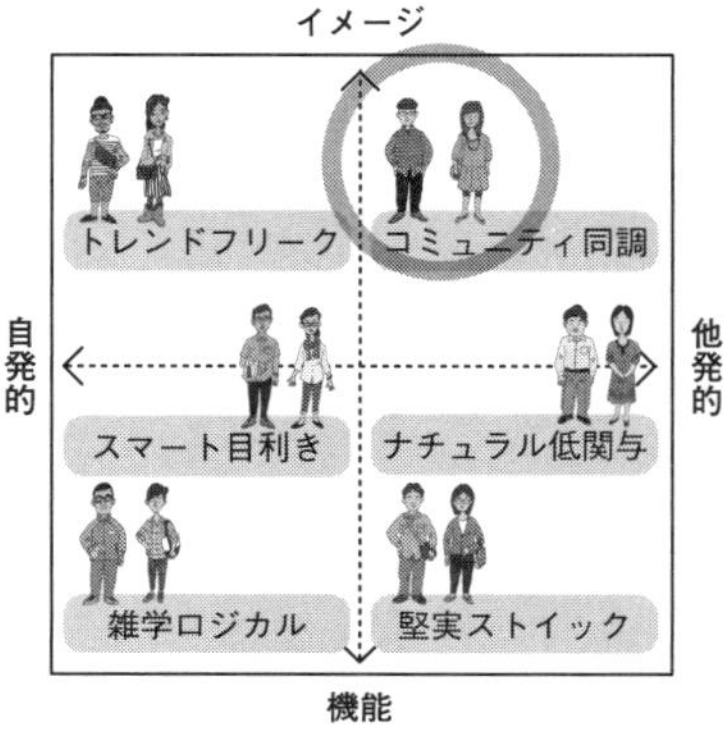

「コミュニティ同調」タイプの特徴

□「選択」の際に周りに合わせるという気持ちが非常に強い。

□何よりも「世の中の評判」が判断基準となり、周りの動きや、自分が周りからどう見えているか気にしながら選択する。

□「情報」に関しても人の意見を気にしている。

□表参道のポップコーン店の例では、「トレンドフリーク」が作った行列を見て、はやっていることに反応して、さらに行列を長くした人たち。

「コミュニティ同調」タイプのデータ

「情報」について

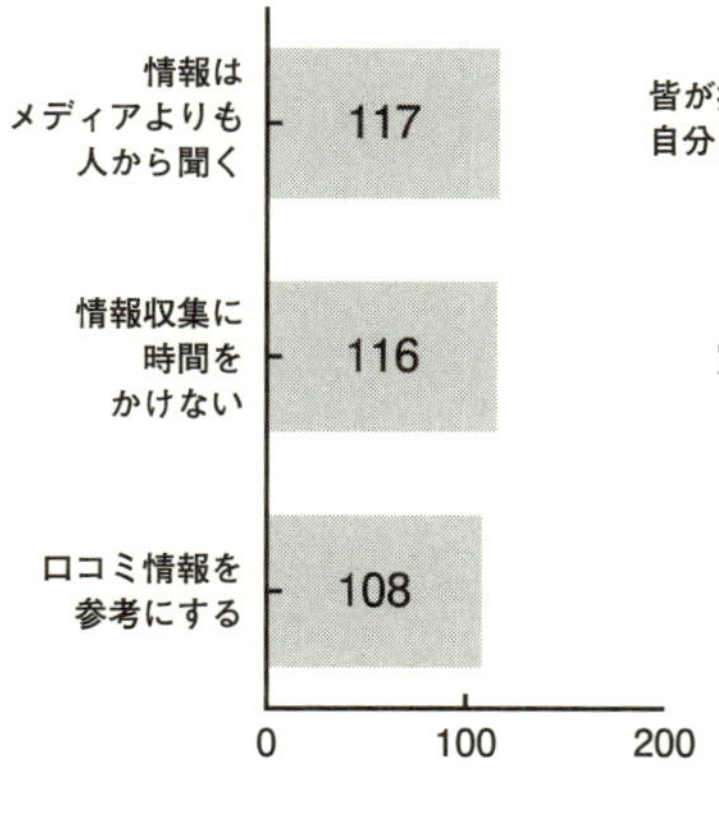

「選択」について

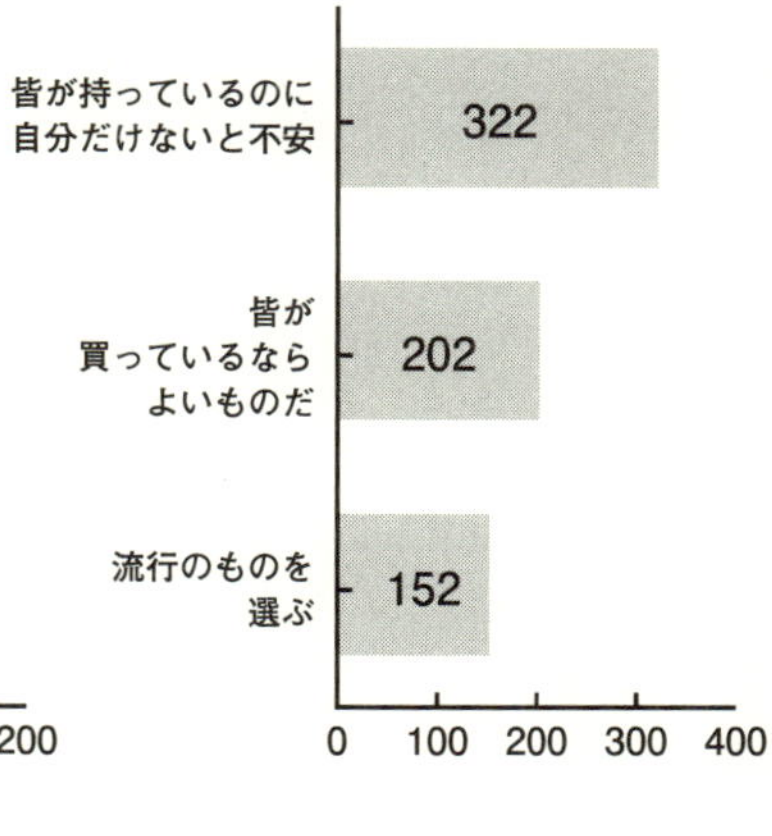

※ACR/ex 2014年4～6月データ（7地区計）、男女30～49歳平均値を100として指数化

コミュニティ同調

続いて、「他発的」な人びとの3タイプを紹介していこう。まずは、**「他発的」で「イメージ重視」型**の「コミュニティ同調」だ。

定量データで見ていくと、特徴がはっきり現れる。

「選択」の際に、周囲に合わせようとする傾向が極めて強い。「みんなが持っているのに自分だけ持っていないと不安」「みんなが買っているならそれは間違いなくよいものだと思う」などの設問に高いスコアを示している。いわば、**世の中の評判がそのまま自分が選択する際の基準**なのだ。

「情報」についても、「情報はメディアよりも人から聞くことのほうが多い」「情報収集に時間をかけるのはもったいない」などに平均以上のスコアが見て取れ、人の意見を重視する傾向が見える。自分がどう考えるか、自分が収集した情報をどう判断するかではなく、**周囲はどう動いているか、自分が周りからどう見えているかを気にしながら選択する考え方**だ。

「トレンドフリーク」がいち早く行列を作り始めた飲食店が、ある程度世間での評判を得

図表3-7 「コミュニティ同調」タイプの買い物例

あの人から
薦められたものを買って
やっぱりよかった
＝周りの評判への信頼
友人が持っていて
すごくよいと
薦められたから買った
＝周りの意見

て流行になった段階で気付き、「流行に乗り遅れないこと」や「確実に美味しいものを食べること」を目的として行列に加わるようなタイプだといえる。

「コミュニティ同調」タイプの人にインタビューで持参してもらった写真の中には、「ダイソンのスティックタイプ掃除機」のように、すでによく知られているアイテムが入っていた。購入の理由を詳しく尋ねると、ブランドやイメージ、流行、機能などよりも、やはり「世の中での評判」がきっかけになっていることがわかった。

たとえば、友人の薦め。あるいは、インターネットサイトの口コミを見て。いずれにせよ、周囲の意見をもっとも重視していた。

　実際に購入した後の感想も、アイテムの良し悪しより、「〇〇さんが薦めたモノには間違いがない！」という、お薦めしてくれる人への信頼度が高い傾向が見られた。

「コミュニティ同調」タイプの中に、最近購入したものの写真として、日本ではほとんど知られていないアメリカのアーティストのＣＤを持参した人がいた。しかし、購買した理由を聞くと、「トレンドフリーク」や「雑学ロジカル」とはまったく違うきっかけだった。その人がかつてアメリカ留学中に、自分の周りや仲間の間で流行していたアーティストだったことがきっかけで購入に至ったのである。つまり、あくまで同調していただけだったのだ。

購買したものだけでは決して見えてこない、考え方のクセを表す象徴的なエピソードといえる。

図表3-8 「コミュニティ同調」タイプのその他の属性

	男性		女性	
ファッション	○人のかっこうが気になるほう ○流行に遅れないよう心がけている ×新しいことや今までと違ったことをやってみるのが好き		○人のかっこうが気になるほう ○流行に遅れないよう心がけている ○店頭でスタッフに相談したほうが安心	
暮らし	○新しい店やニュースポットに出かける ×趣味やライフワークに人より時間を割く ×自分に自信がある		○今までとは違った生き方をしたい ×ファッションや言葉で自身を表現できる ×好きなことはとことん追求する	
	30～40代全体	コミュニティ同調	30～40代全体	コミュニティ同調
世帯年収	667万円	657万円	661万円	642万円
小遣い	3万1,075円	2万8,819円	1万3,854円	1万593円
大卒・大学院卒割合	47.7%	40.6%	27.1%	21.7%

※ACR/ex 2014年４～６月データ（７地区計）
※グラフおよび表のパーセンテージ・年収・小遣い額は、世代や年齢などの影響を除くため30～40代に絞って掲載している。

堅実ストイック

“定番”って安心♡

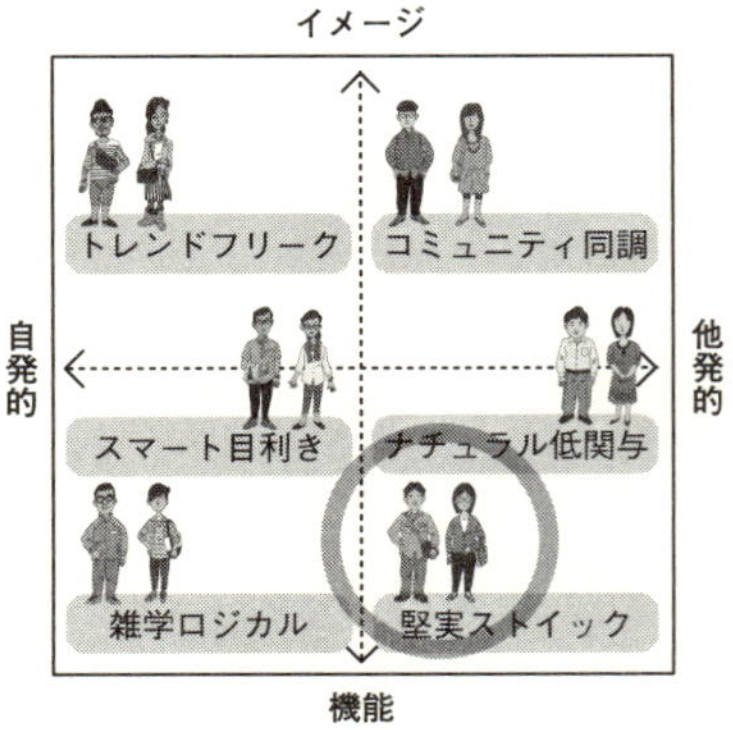

「堅実ストイック」タイプの特徴

- □「購買」に関して積極的ではない。
- □「情報」も「必要になれば」失敗しないために集めるが、普段から「情報」に対してアンテナを立てているわけではない。
- □失敗は絶対にしたくない慎重派で、コスト意識が非常に高い。
- □新しいものや流行には乗らず、定番なものを選択する。

「堅実ストイック」タイプのデータ

「情報」について

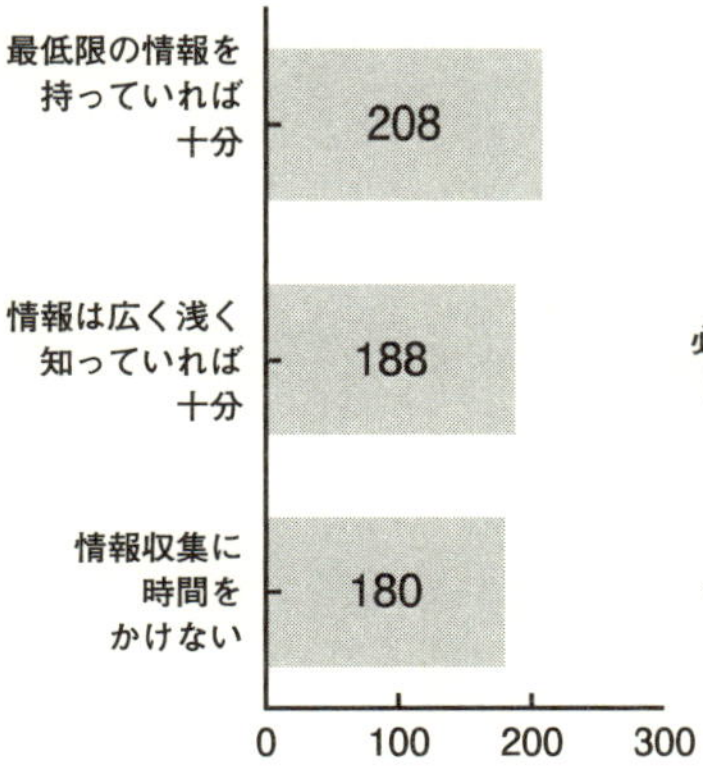

「選択」について

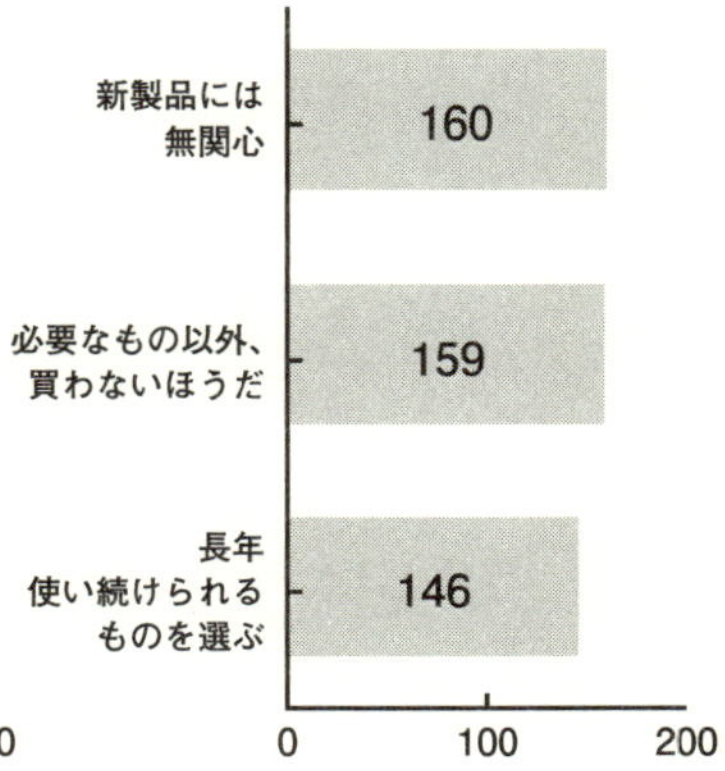

※ACR/ex 2014年4～6月データ（7地区計）、男女30～49歳平均値を100として指数化

堅実ストイック

「他発的」な考え方のクセにおける2つ目のタイプは、**「他発的」で「機能重視」**な、「堅実ストイック」だ。

このタイプは、「価格」や「保証」を重視する。つまり、「購買」そのものに対しては積極的ではなく、節約志向で無駄遣いをしないと同時に、ものを買うにあたって失敗を恐れる慎重な姿勢を隠さない。

定量データを見ていくと、「選択」においては、「新製品に無関心」「どうしても必要なもの以外買わない」などに高いスコアを示している。

「情報」に対しても積極性は見られない。必要以上の情報を持ちたい、広く情報を集めたいという意識を持っておらず、普段から積極的にアンテナを張っているわけではない。

しかし、どうしても必要なものを買う時には、「長持ちするものを選ぶ」ように、**絶対に間違いがなく、失敗しないとわかっている定番商品を迷わず選ぶ。安心を好み、新しい商品にも流行にもなびかない**のだ。

また、コストへの意識が極めて高いため、先行品が流行した後の安価な後発品を好むと

図表3-9 「堅実ストイック」の買い物例

各メーカーの
ホームページを確認後、
口コミで情報を収集。
その後、現物を見てから購入
（5年の歳月）
＝絶対に失敗したくない

いう傾向も持ち合わせている。

では、「堅実ストイック」の人たちが実際にどのような購買行動を取っているのか、グループインタビューの例を見ていこう。

ある対象者が「最近気に入って購入したもの」として示したのは、上の空気清浄機だった。購入に至るまでの流れが極めて特徴的なのだ。

この人は、空気清浄機を買おうと考えた後、まず各メーカーのホームページを調べ、情報を確認した。さらに口コミの情報を収集し、実際に店舗に出向いて現物を確認して、ようやく購入に至ったのだという。

実は、テレビで繰り返し接したＣＭで空

気清浄機に目をつけながら、実際に購入するまで、5年の歳月がかかったのだという。まさに「堅実」かつ「ストイック」な行動である。

その間、ずっと空気清浄機のことが頭にありながら、「絶対に失敗したくない」という考えに基づいてじっくり納得がいくまで情報を集め、慎重に慎重を重ねて実際に購入するものを選択したというわけだ。

ガーデニングをしていると語っていた別の人に動機を尋ねると、ガーデニングを楽しむというより、「食べられる植物を育てたいから」という理由からだったのも印象的だ。「堅実ストイック」には、衝動買いなどまずありえないのだ。

図表3-10｜「堅実ストイック」タイプのその他の属性

	男性		女性	
ファッション	○ファッションの好みがはっきりしている ×人のかっこうが気になるほう ×流行には敏感である		○メイクはみだしなみなので、最小限にすませたい ○化粧品のブランドを決めている ×流行に遅れないよう心がけている	
暮らし	○無駄のないシンプルな生活を送りたい ○今の生活レベルに満足している ×積極的に情報発信したい		○無駄のないシンプルな生活を送りたい ○自分に自信がある ○富や名声を得ることより、自分自身に合った生き方のほうが大切だ	
	30〜40代全体	堅実ストイック	30〜40代全体	堅実ストイック
世帯年収	667万円	648万円	661万円	631万円
小遣い	3万1,075円	2万9,455円	1万3,854円	1万2,271円
大卒・大学院卒割合	47.7%	46.0%	27.1%	25.1%

※ACR/ex 2014年4〜6月データ（7地区計）
※グラフおよび表のパーセンテージ・年収・小遣い額は、世代や年齢などの影響を除くため30〜40代に絞って掲載している。

ナチュラル低関与

物欲も行動もつれづれに。ゴーイングマイウェイ

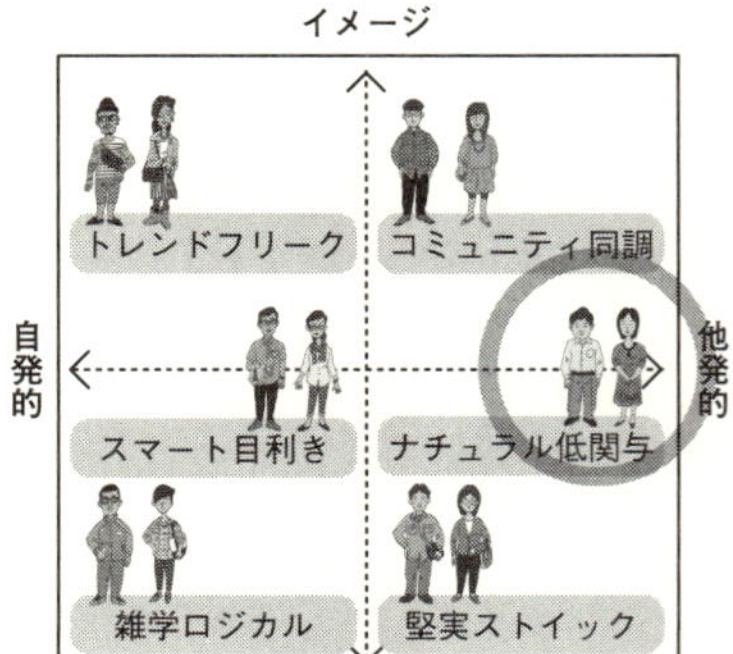

「ナチュラル低関与」タイプの特徴

□「情報」「選択」の意識が低い。

□「情報」を取ることに関心が薄く、
しかも自分が情報を持っていないことを不安に感じない。

□しかし、あまり好き嫌いがないため、
実は、購買へのハードルが低く、
「堅実ストイック」よりもお金を使っていたりする。

「ナチュラル低関与」タイプのデータ

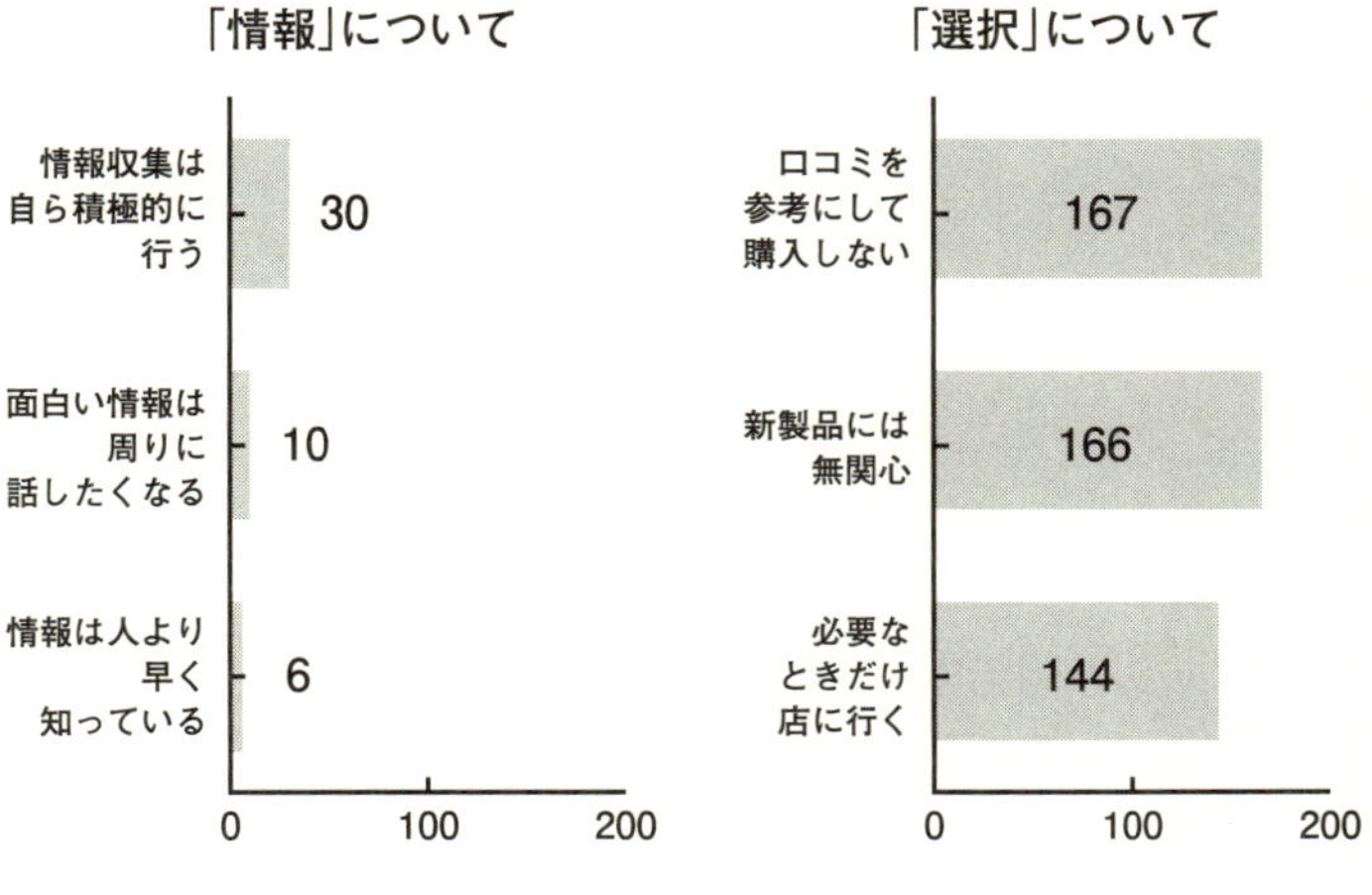

※ACR/ex 2014年４～６月データ（７地区計）、男女30～49歳平均値を100として指数化

ナチュラル低関与

最後のタイプは、「他発的」で、「選択」はイメージ寄りでも機能寄りでもない考え方、「ナチュラル低関与」だ。

まず定量データを見ると、**「情報」については、収集も発信も関心が薄く、しかも自分が情報を持っていないことを特に不安には感じていない**。そのため、社会から取り残されるといった不安感とは無縁である。

「選択」を見ると、「口コミを参考にしない」「新製品に関心がない」などに高いスコアを出しつつも、**基本的に日々淡々と暮らし、選り好みをしない傾向にあるため、実は購買へのハードルは低く**、「堅実ストイック」よりも消費しているのだ。

そして、気の向くままに、つれづれに消費をしていくタイプと考えられる一方で、実際に購買する際には、店頭の目立つ場所に展開されている商品を購入する傾向がある。

「他発的」な人びとは、他人の様子を見てから反応し、行動を起こすという点では共通している。しかし考え方のクセを読み解くことで、他人が評価するものを好む「コミュニティ同調」、他人の反応を見たうえで失敗しない選択を好む「堅実ストイック」、そもそも

図表3-11｜「ナチュラル低関与」タイプの買い物例

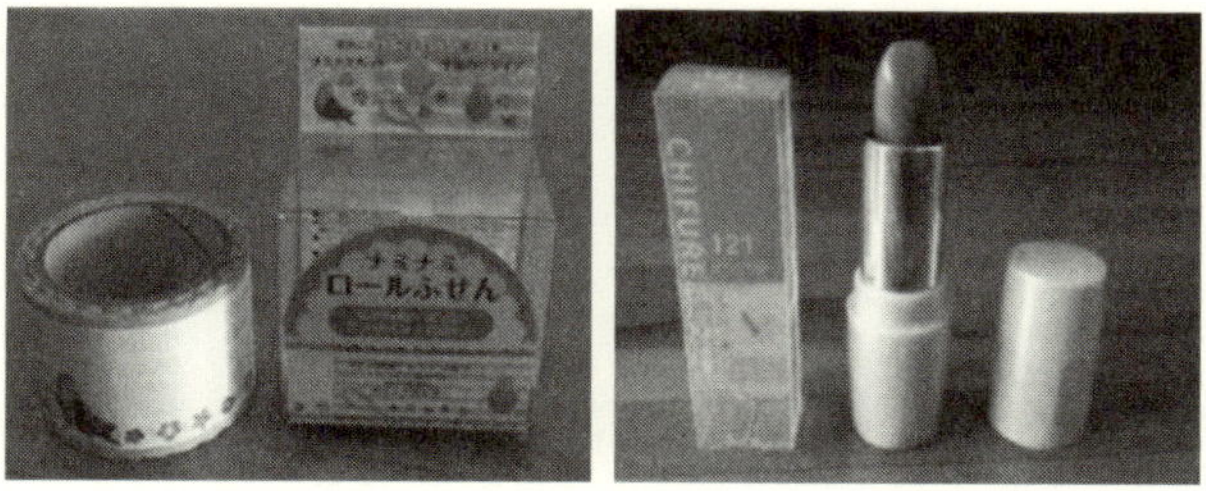

たまたま店頭で見つけて購入
＝普段の情報収集なし

「情報」にも「選択」にも関心が低いため、まさにナチュラルに「他発的」になっている「ナチュラル低関与」の3タイプに、明確に分けて考えることができるのだ。

「ナチュラル低関与」の人たちに、「最近気に入って買ったもの」について購入理由を聞いてみたが、その多くは「たまたま店頭で見つけた」という類のものだったことは特徴的だった。

普段から、今世の中で何が流行しているか、どんな新製品が出ているかなどに関心がなく、当然情報も持ち合わせていないため、必要に応じて店頭に出向いても選択する際の基準や要素が少ない。そこで、たまたま店頭で展開されていたアイテム、偶然出合った商品を手に取る傾向にあるようだ。

「情報」にも「選択」にも意識が薄い考え方のクセを持つ「ナチュラル低関与」は、従来型のマーケティングでは見逃されがちだったり、無駄撃ちをされやすかったりしたと考えられる。

図表3-12 「ナチュラル低関与」タイプのその他の属性

	男性	女性
ファッション	×新しいことや今までと違ったことをやってみるのが好き ×TPOでファッションのイメージを使い分け ×人のかっこうが気になるほう	○メイクは身だしなみなので、最小限にすませたい ○それほど特別な機能や効果がなくても価格が安いほうがよい ×新しいことをやってみるのが好き
暮らし	○家にいるほうが好き ×積極的に情報発信したい ×人との付き合いは広いほう	○家にいるほうが好き ×積極的に情報発信したい ×好きなことはとことん追求する

	男性 30〜40代全体	男性 ナチュラル低関与	女性 30〜40代全体	女性 ナチュラル低関与
世帯年収	667万円	652万円	661万円	666万円
小遣い	3万1,075円	3万1,421円	1万3,854円	1万1,571円
大卒・大学院卒割合	47.7%	45.0%	27.1%	30.9%

※ACR/ex 2014年4〜6月データ（7地区計）
※グラフおよび表のパーセンテージ・年収・小遣い額は、世代や年齢などの影響を除くため30〜40代に絞って掲載している。

Column

あなたは何タイプ？

ここまで、6タイプの「考え方のクセ」を見てきた。それぞれのタイプの定量データ分析や、グループインタビューの結果から見えてくる具体像を見ながら、知り合いの顔を思い浮かべた方も少なくないだろう。

ところで、読者自身は、ご自身をどのタイプだと考えただろうか。

私たちは、定量データ分析から導かれた6タイプの「考え方のクセ」を判定する質問によって、実際にあなたがどこに該当するかを、全18問、3分程度の所要時間で判定できるサイトを用意している。

ご自身への理解を一層深めるため、読者ご自身のタイプを試してみてはいかがだろうか。

「考え方のクセ」判定サイトのご紹介

下記のＱＲコードより「考え方のクセ」判定サイトに
アクセスし、所定の質問にお答えください。
６つのタイプのどのタイプに当てはまるかを
判定します。

※サイトへの接続にあたっては通信費等がかかります。
※予告なくサービスを変更・終了することがあります。

6タイプはどのくらいの比率で分布しているのか？

6タイプの「考え方のクセ」は、各セグメントでどのくらいのボリュームが存在しているのかをまとめたのが、図表3－13だ。ライフステージによる影響を排除するために、30～40代男女のデータに絞って検証している。

すでに述べたとおり、「情報」も「選択」も「自発的」な人から「他発的」な人へと流れていくが、「自発的」な人と「他発的」な人の比率は51：49で、ほぼ二分されている。細かく見ていくと、「自発的」では、「トレンドフリーク」、「雑学ロジカル」が概ね2割、「スマート目利き」が1割。一方「他発的」では、「コミュニティ同調」と「堅実ストイック」がほぼ2割、「ナチュラル低関与」が1割となっている。これは意図的に分類したわけではなく、あくまで結果的に、こうした比率で分散したに過ぎない。

ここで、72ページで説明したイノベーター理論を思い起こしていただきたい。私たちの提案する「考え方のクセ」には、各セグメントの比率の極端な偏りがないことに注目してほしい。

では、年代別や男女ではどのような構成比率になっているだろうか。今度は図表3－14

図表3-13 「考え方のクセ」6タイプの構成割合

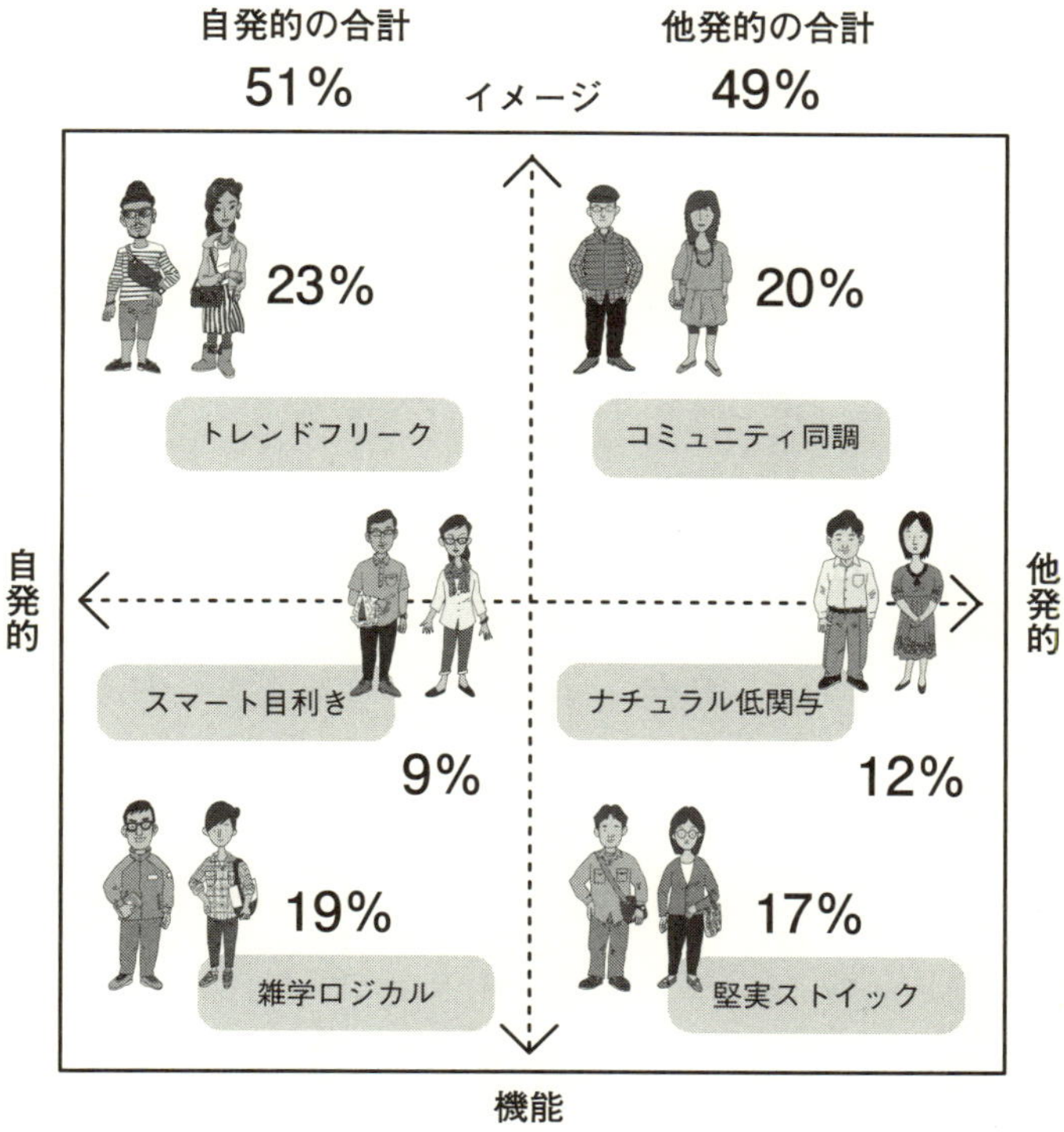

※ビデオリサーチACR/ex 2014年4~6月データ(全国7地区、男女30~49歳)

をご覧いただこう。

10代では、自分自身の視点がまだ十分には定まっていないこと、そして主に家庭や学校、地域社会を中心とした狭く濃密な人間関係に起因すると思われる「コミュニティ同調」の比率が高い。「スマート目利き」は新しく誕生したセグメントと考えられ、若い層の比率が高い。

この他、「トレンドフリーク」が20~40代で多く見られることや、「堅実ストイック」、「ナチュラル低関与」が高年齢層で増えていくことなどが傾向として見て取れる。しかし、こうした傾向が加齢によって変化していくものなのか、それとも各世代が自分自身の意識を定める時代に応じて左右される、「世代論」のようなものなのかは、現段階では明確に判断できない。

また、男女別に見ると、男性には「雑学ロジカル」が多く、女性には「トレンドフリーク」が多い。一般に男脳、女脳といわれるが、そのことが定量的にも確認できる。

今後、中長期的に変化を観察していくと、あるいは興味深い結果が得られるかもしれない。

図表3-14｜「考え方のクセ」6タイプの年齢別構成割合

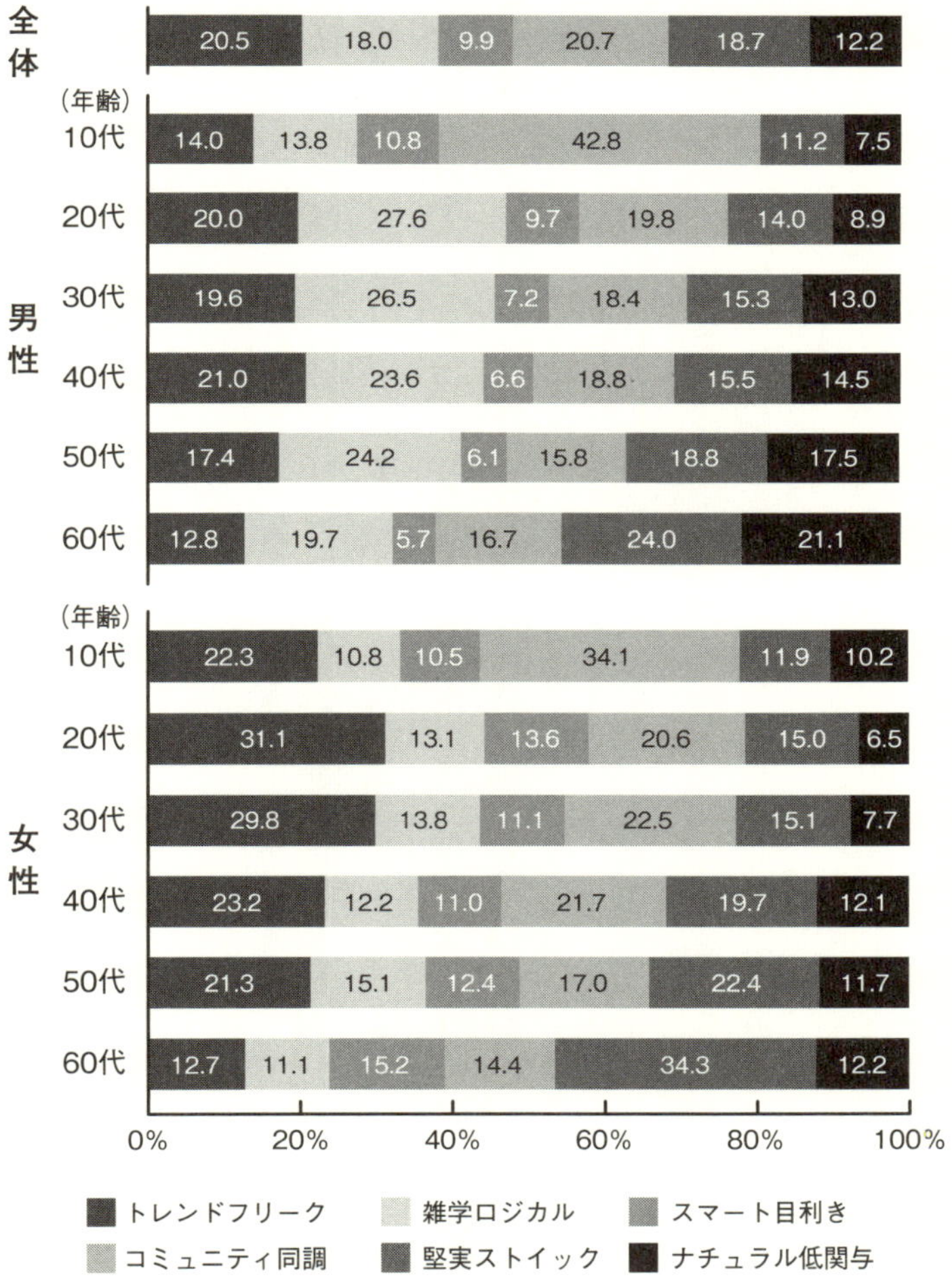

注：ビデオリサーチACR／ex 2014年4〜6月データ（全国7地区、男女12〜69歳）

6タイプ別デモグラフィック属性

各タイプ別のデモグラフィック特性を見ていこう。
まず既婚率だが、タイプ別に大きな差は見られない。世帯年収では、「スマート目利き」にやや低いという傾向があるにはあるが、それでも極端な差ではない。これは意外な結果といえるだろう。**「肉食的」に消費を続けるトレンドフリークと、「堅実ストイック」や「ナチュラル低関与」との間に、際立った収入の差が見られない**というのだから。同様に、就業形態にも女性に多少のばらつきがある程度で、極端な違いは見られないことがわかる。

一般にデモグラフィック属性を考えるなら、性別、年齢の次に重視されるのが収入の場合が多い。しかし、「考え方のクセ」で見ると、実は大きな差が存在しないことになってしまうのだ。割愛したが、いわゆる「お小遣い」の額も、「トレンドフリーク」が若干高い程度で、あとはほぼ横並びである。

続いて、メディアへの接触行動を見ていきたい。

1日あたりの「テレビ」の視聴時間は、「雑学ロジカル」がやや少ないという特徴があるものの、すべてのタイプが一定時間テレビを視聴している。「インターネット・メール」の接触時間では、テレビとは逆に「雑学ロジカル」がやや多いという傾向はあるものの、やはりすべてのタイプが一定時間インターネットを利用している。つまり**メディアの接触時間でも極端な違いがない**ことがわかる。

年齢や性別、そして年収などの属性では見えにくくなっている「コミュニケーション・カオス」の世の中で、**私たちの提案する「考え方のクセ」は、これまで広く用いられてきたデモグラフィック特性や「生活行動」で切り分けることのできなかった新しい切り口**になり得るといえる。

この先に、新しいマーケティングのヒントが隠されている。

考え方のタイプ別商品の選び方

こうした「考え方のクセ」は、具体的なモノやサービスの「選択」にも表れる。6タイプの考え方のクセのグループが、ACR／exのデータでどのような「商品の選び方」をしたのか、実際に見ることができる。

[職業]

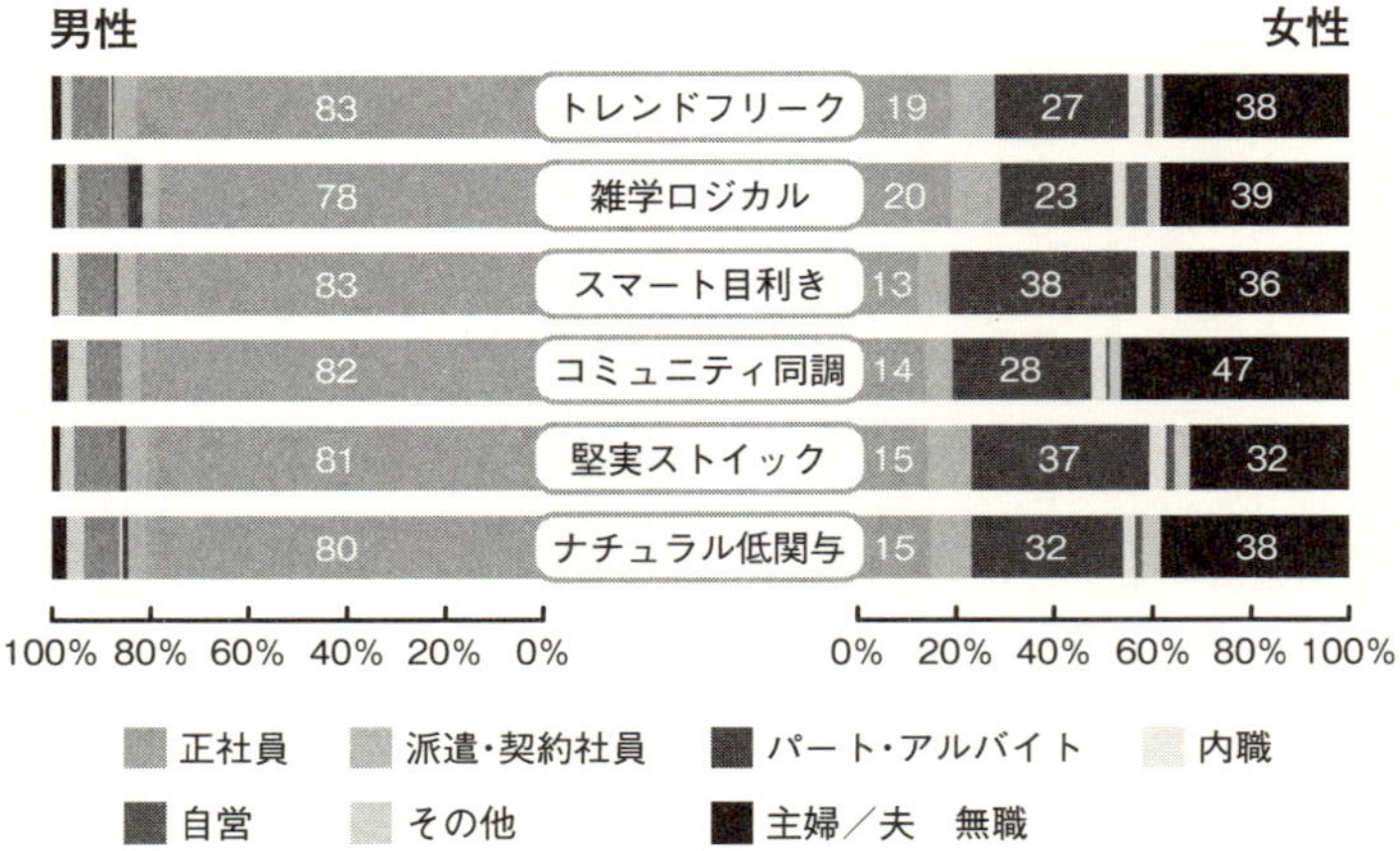
男性
女性
トレンドフリーク 83 19 27 38
雑学ロジカル 78 20 23 39
スマート目利き 83 13 38 36
コミュニティ同調 82 14 28 47
堅実ストイック 81 15 37 32
ナチュラル低関与 80 15 32 38
100% 80% 60% 40% 20% 0%
0% 20% 40% 60% 80% 100%
正社員
派遣・契約社員
パート・アルバイト
内職
自営
その他
主婦／夫　無職

[世帯年収]

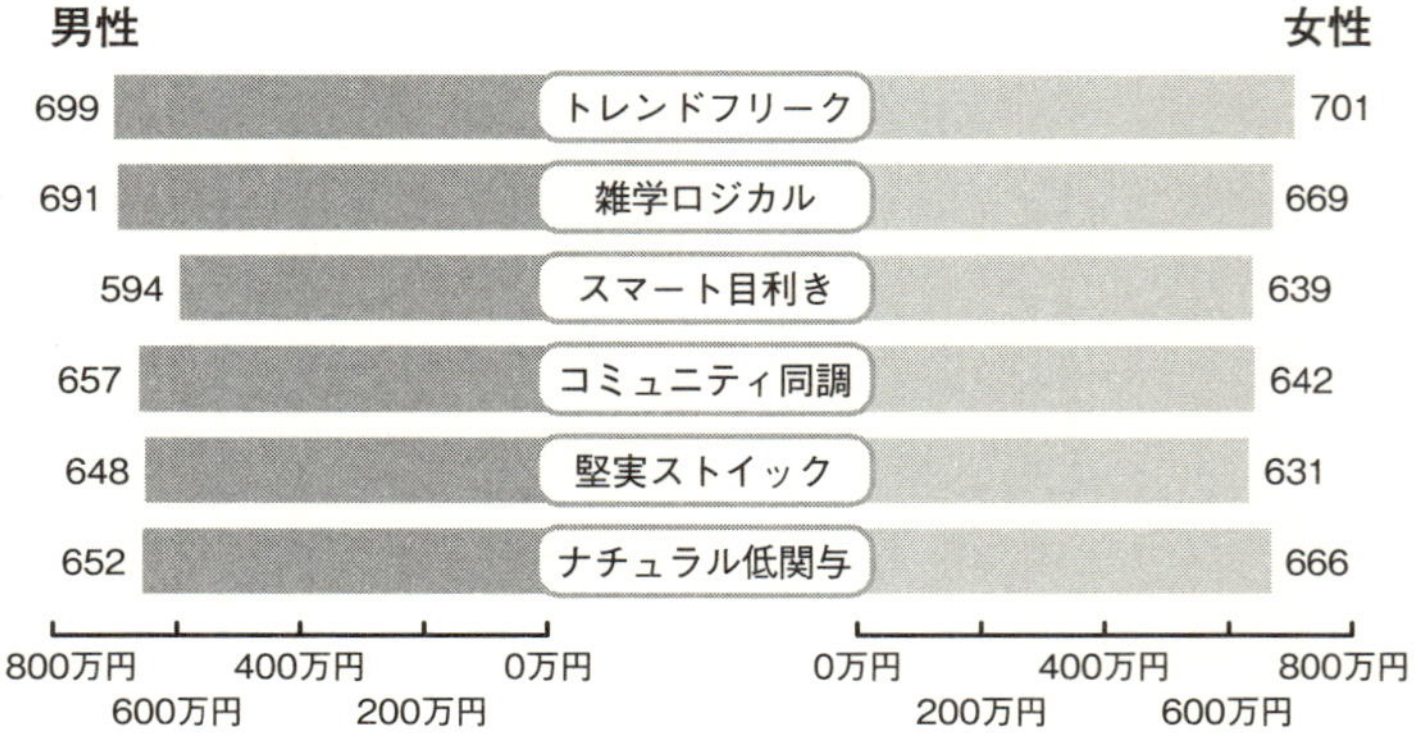
男性
女性
699 トレンドフリーク 701
691 雑学ロジカル 669
594 スマート目利き 639
657 コミュニティ同調 642
648 堅実ストイック 631
652 ナチュラル低関与 666
800万円 600万円 400万円 200万円 0万円
0万円 200万円 400万円 600万円 800万円

図表3-15 「考え方のクセ」6タイプのデモグラフィック比較

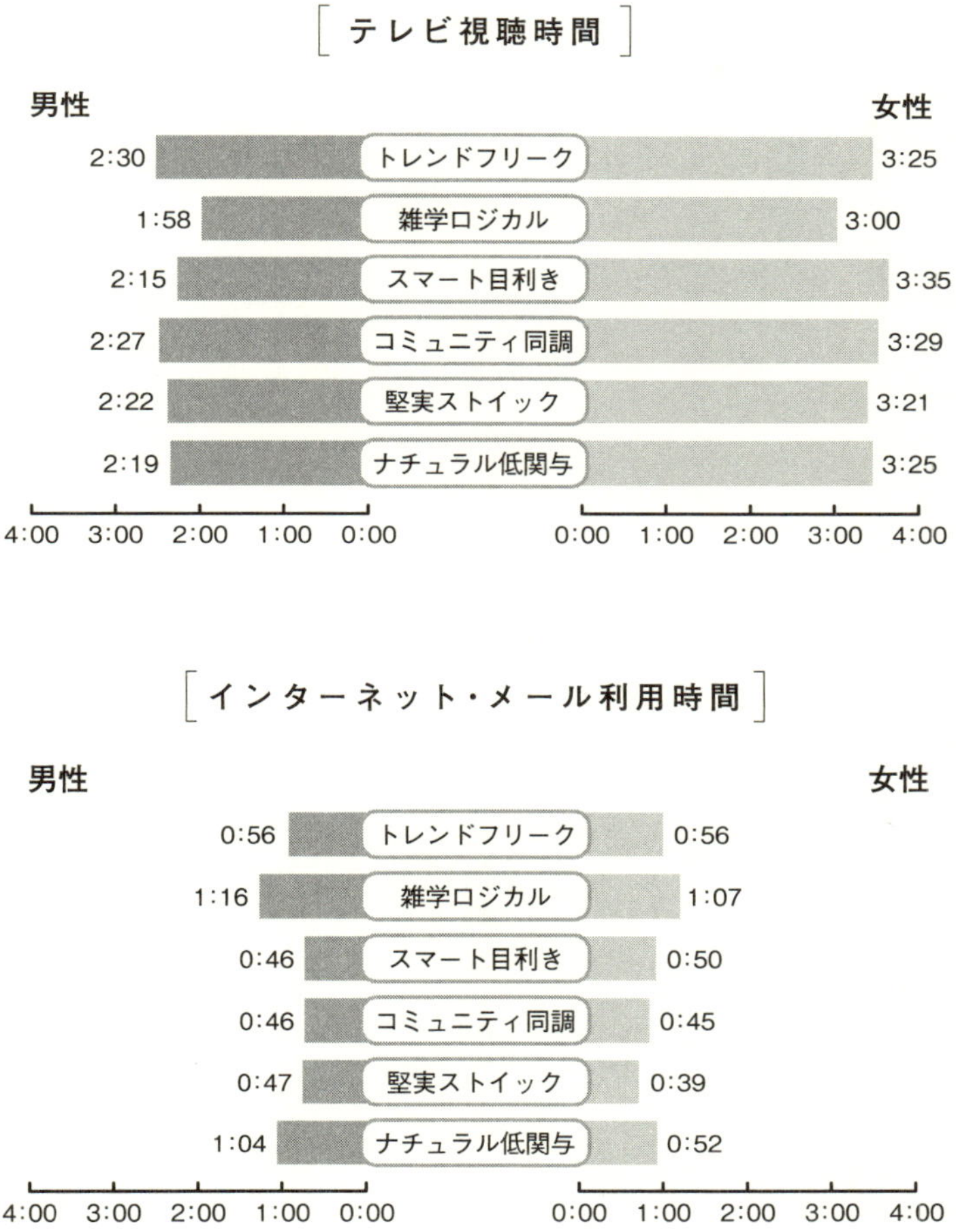

※ビデオリサーチACR／ex（全国7地区、男女30〜49歳）

図表3-16｜「考え方のクセ」によるビール系飲料の選び方

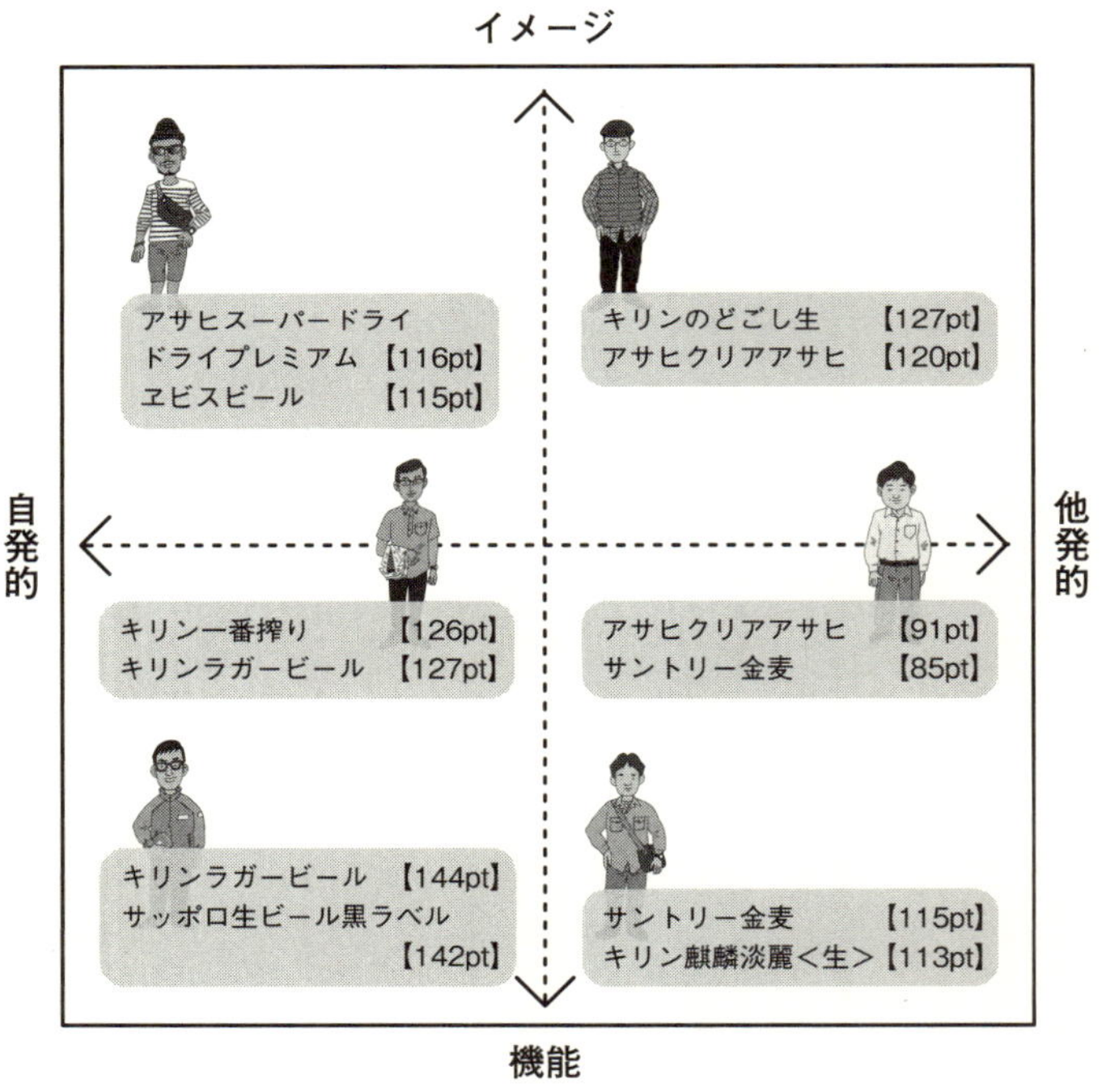

※ビデオリサーチACR／ex　2014年4カ～6月データ（7地区計、男性30～49歳）、
3カ月飲用、男性30～49歳平均値を100ptとして指数化

たとえば、男性30〜40代の「ビール系飲料」の選び方をまとめたのが、図表3－16だ。各商品のスコアは、対象となる年代の平均値を100とした場合の指標を示している。つまり、6タイプの考え方ごとに、どの商品、銘柄を特徴的に選んだのかがわかる。

まず、左右で比較すると、**「自発的」な人は「ビール」を、「他発的」な人は「発泡酒」や「新ジャンル」を選択している傾向**が窺える。

しかし、すでに述べたように、6タイプで年収にはさほど大きな差はない。ということは、生活者は必ずしも金銭的な余裕のありなしだけで「ビール」か「発泡酒・新ジャンル」を選んでいるのではなく、ポイントは「考え方のクセ」の違いであることがわかる。

「トレンドフリーク」は「アサヒスーパードライ　ドライプレミアム」「ヱビスビール」など、「プレミアムビール」を好んで選択している。ドライプレミアムに関しては、調査時期において新商品だったところにも惹かれていると考えられる。

一方「堅実ストイック」は、「売れ筋という安心感」と「コスト」を重視し、「サントリー金麦」、「キリン淡麗〈生〉」を選択しているようだ。

続いて、女性30〜40代の「シャンプー」の選び方を見てみよう（図表3－17）。

特徴的なのは、資生堂の「TSUBAKI」というブランドを選択していても、イメージや感性を重視する「トレンドフリーク」はエステを連想させる「ヘッドスパ」を好み、

図表3-17｜「考え方のクセ」によるシャンプーの選び方

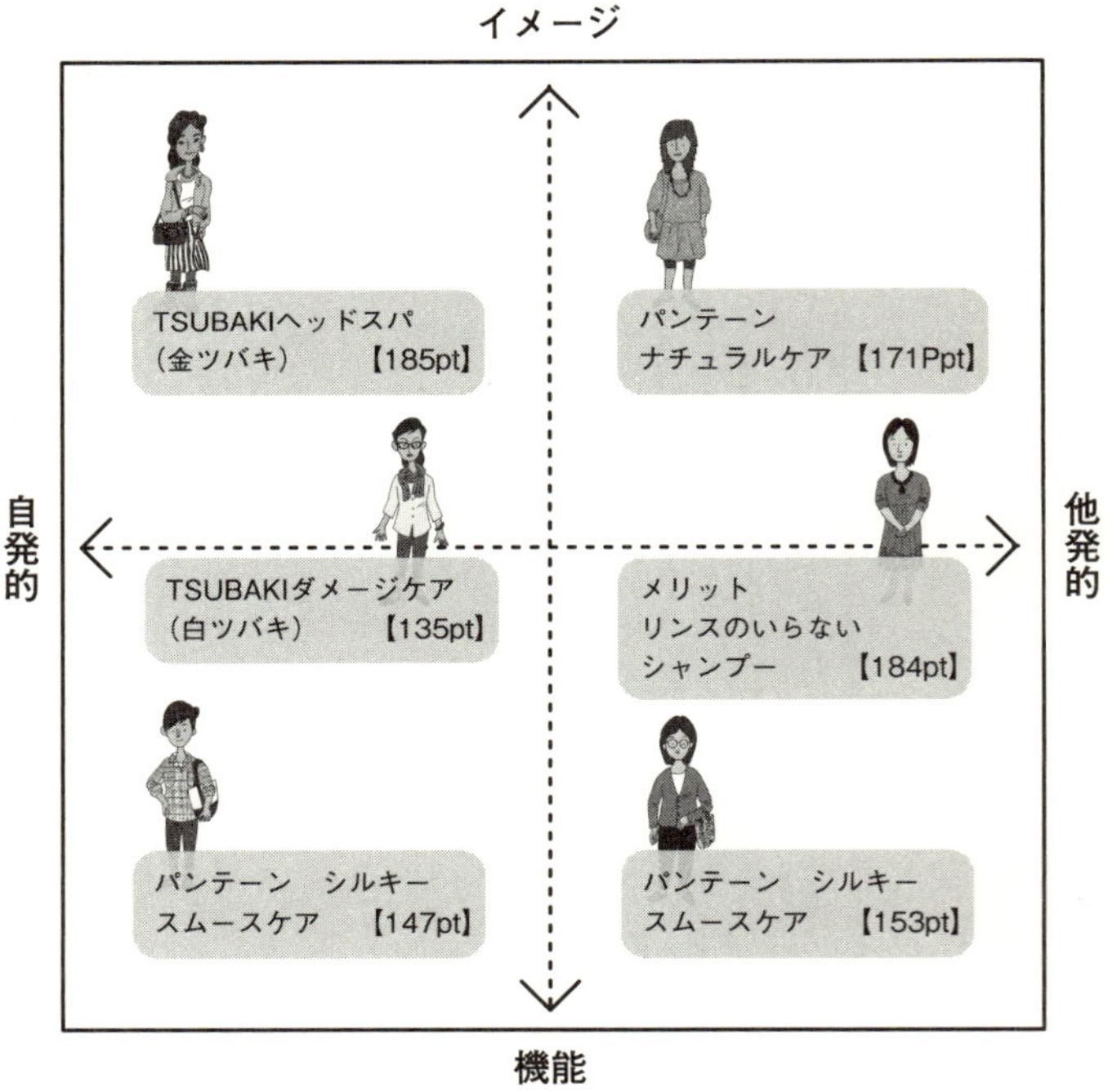

※ビデオリサーチACR／ex　2014年4～6月データ（7地区計、女性30～49歳）、
女性30～49歳平均値を100ptとして指数化

「スマート目利き」は「ダメージケア」を選択して、イメージだけでなく機能も重視するという特徴が見受けられる。

また、「ナチュラル低関与」は、「メリット」というロングセラー商品を選択している。

さらに、女性の「好きなファッションブランド」をタイプ別に見ていくと、また新しい切り口が発見できる（図表3-18）。

「トレンドフリーク」は、わかりやすく「シャネル」や「エルメス」といったブランドを選ぶが、注目すべきなのは、プロット図下側の「機能重視」の人たちだ。

「雑学ロジカル」は、「リーガル」や「ザ・ノース・フェイス」を、「堅実ストイック」は、「スウォッチ」や「ニューバランス」を選んでいる。**感性的な価値である「ファッション」や「ブランド」の好みでさえ、機能が前面に出ているものを選択**しているのだ。

また、「スマート目利き」と「コミュニティ同調」が、ともに「しまむら」を選択していることにも注目してほしい。

「しまむら」を好む、という切り口ではまったく同じ選択とされる両者の行動は、「スマート目利き」であれば流行を押さえながら安くいいものを買いたい、という考え方なのに対し、「コミュニティ同調」は周囲が選んでいるから、という考えの下に、2つのセグメントは異なる「マインド・ホール」を通りながら、結果として同じブランドを選択して

図表3-18｜「考え方のクセ」によるファッションブランドの選び方

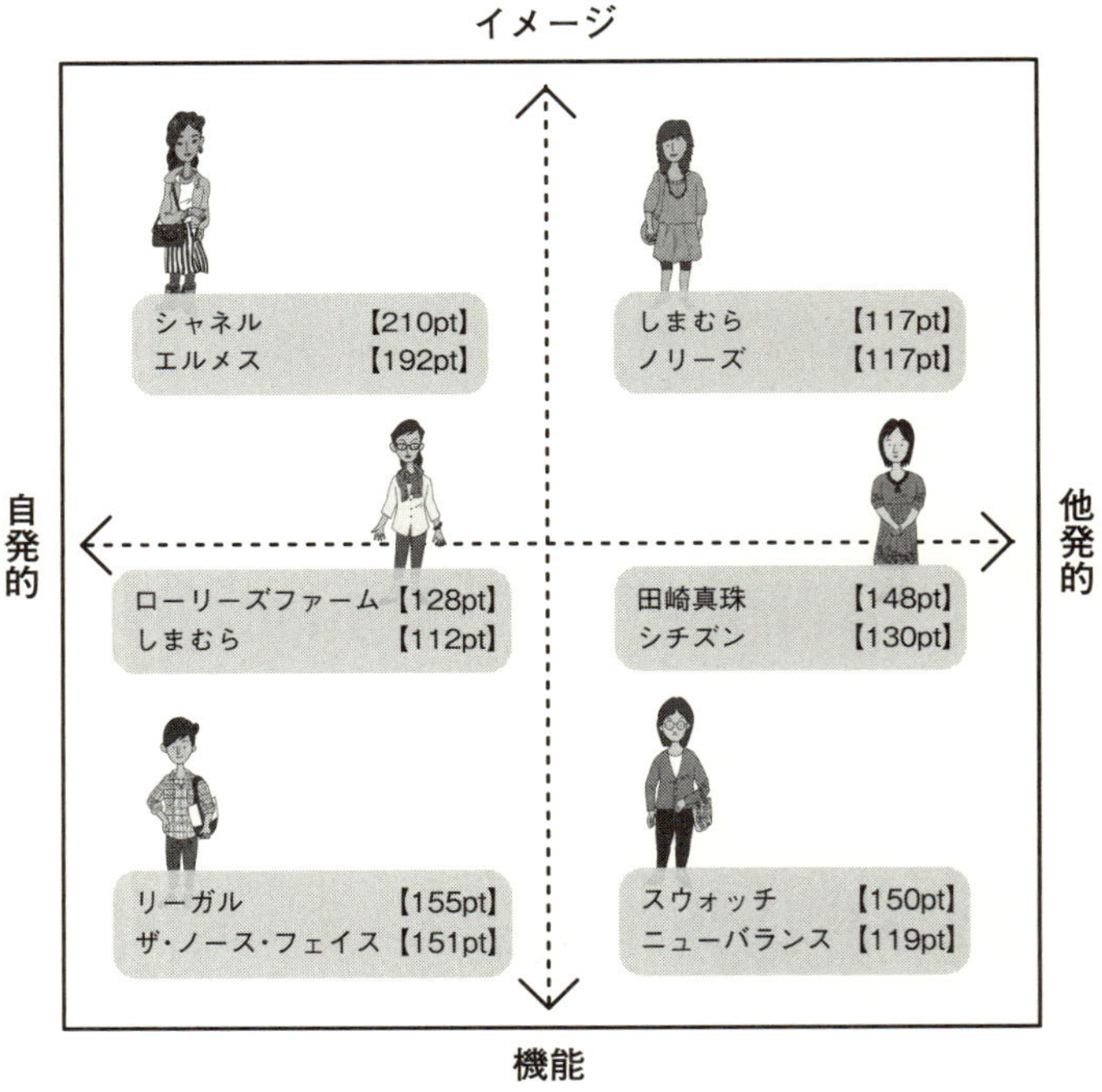

※ビデオリサーチACR／ex　2014年4〜6月データ（7地区計、女性30〜49歳）、
女性30〜49歳平均値を100ptとして指数化

いることになる。

つまり、選択したモノやサービスだけでは見えない、「考え方のクセ」を知ることの大切さが隠されているのだ。

かくも生活者の考え方が多様化している状況の下で、絨毯爆撃的なマーケティング戦略がかつてのような成果を挙げられるとは考えにくい。複雑化しすぎて、届かないのだ。

逆の見方をすると、**同じモノやサービスを、異なる「考え方のクセ」を持つ人に対して、それぞれのタイプに適した伝え方をすることで、選択される可能性が高まる**ことになるのである。

「考え方のクセ」がひらくマーケティングの可能性

私たちの提案する「考え方のクセ」は、単なるセグメントに終始するのではなく、具体的なマーケティング戦略に活用できるよう、シンプルかつロジカルなアプローチを試みている。

「考え方のクセ」に着目してマーケティングを見直すと次のようなことが明確になってくるのではないかと考える。

まず、ＡＣＲ／ｅｘのデータを使うことによって、現時点における自社ブランドや、特定の商品の強み・弱点がわかる。ＡＣＲ／ｅｘは広く生活者の購買行動をカバーしているが、オプションとしてクライアントのリクエストに応じ、他のデータを分析することができる。

次に、誰（どの「考え方のクセ」のタイプ）に受け入れられて、誰に受け入れられていないのかがわかれば、全方位に向かって同じメッセージを広く発信するより、あるセグメントに刺さるメッセージを、限られた範囲に発するほうが、効果的な場合もある。具体的には、**どんな媒体を使い、どんなタレントを起用し、どんなメッセージを発するのかが、かなり明確にわかるようになる**。結果として、限られたリソースをどこに投入すればよいかが明確になる。

そして、**マーケティングのＰＤＣＡ管理が容易になることが期待できる**はずだ。

次の章では、具体的なヒット商品の研究や、そしてマーケティングの最前線で活躍されている方々のヒアリングを交えて、具体的な戦略、戦術レベルでの活用方法を探っていくことにしよう。

第4章

「考え方のクセ」が解き明かす、ヒットの研究

「考え方のクセ」をどう使うのか？

私たちが提案するシンプルな6タイプの「考え方のクセ」（情報×選択セグメント）は、単なるセグメント分けや、考え方のタイプ診断で終わってしまうものではない。

シンプルな考え方のクセそれぞれに対してロジカルなアプローチを行い、**実際のマーケティング・コミュニケーションに活用することこそ、最終的なゴール**である。

すでにおわかりだとは思うが、「考え方のクセ」によって、「マインド・ホール」、つまり情報の届き方の切り口や距離は大きく異なる。ということは、**6タイプごとにメッセージの届け方や伝え方をうまく使い分け、実践的に活用できれば、「マインド・ホール」は通過しやすくなり、よりメッセージは届きやすくなる**。

本書の後半は、「考え方のクセ」を使って、実際どのように生活者にアプローチしていくのか、そして6タイプによってどのような違いがあるのか、最新の知見を紙幅の許す限り紹介していきたい。

届け方とは、つまりメディアのこと。そして伝え方とは、メッセージの内容そのものである。それぞれについて、6タイプ別の特性を見ていこう。

そして、マーケティングの第一線で活躍されている方との意見交換や、私たちと協業し、「考え方のクセ」を実際のビジネスに組み込みつつある企業の担当者とのコミュニケーションを通じて、より実践的な理解を深めていきたい。

メディアとの「心の距離」

はじめに、6タイプに対する情報のインプットにどんなメディアが適しているのかを確認していこう。

メディアの接触時間は、タイプによってあまり大きな差異は見られない。ところが、**6タイプに分けて各メディアをどう思っているのか、どのような態度で接しているか分析していくと、それぞれの「考え方のクセ」の違いがはっきりと浮かび上がってくる。**

メディアとの「心の距離」にこそ違いがある。

ACR/exデータをもとに、6タイプの人びとがそれぞれのメディアに対してどのような「心の距離」を取っているのかをプロットしたのが、図表4-1である。このスコアは、30〜40代の平均を100とし、指標化したものだ。

図表4-1 「考え方のクセ」によるメディアとの心の距離

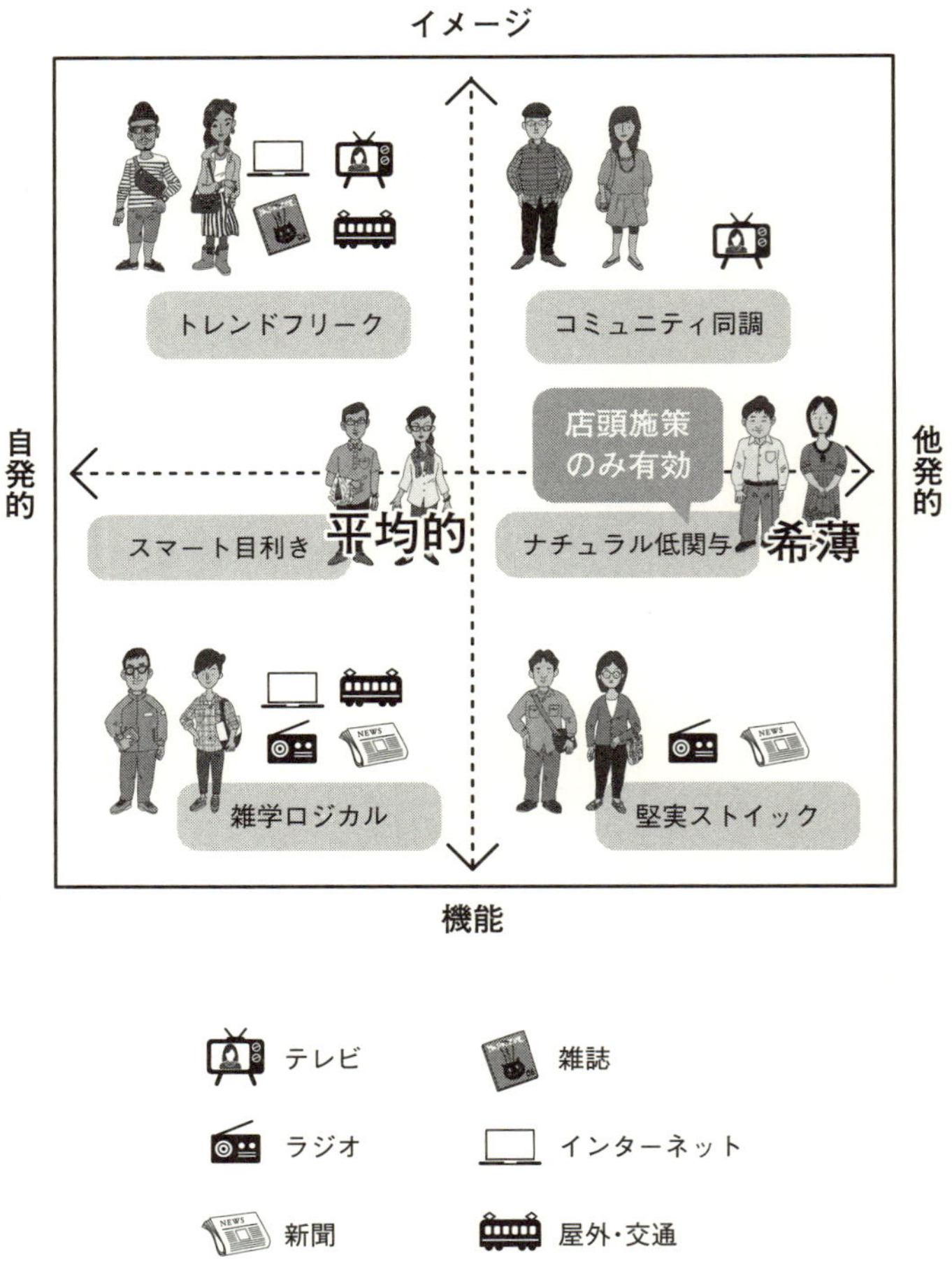

テレビと「心の距離」が近いのは、「トレンドフリーク」と「コミュニティ同調」、つまりプロット図の上側にいる「イメージ重視」の人たちだ。

一方でインターネットは、「トレンドフリーク」と「雑学ロジカル」、プロット図左側の「自発的」な人たちと距離が近い。屋外・交通広告（OOH）も同様である。情報を自ら積極的に集めようという考え方の表れだろう。

ラジオと新聞は、テレビとは対照的にプロット図の下側にいる「雑学ロジカル」と「堅実ストイック」の「機能重視」の人たちと距離が近く、雑誌は左上の「トレンドフリーク」とだけ距離が近いことがわかった。

「スマート目利き」は、どのメディアに対しても比較的「心の距離」は平均的で、偏りがないセグメントになっている。

また、「ナチュラル低関与」は、すべてのメディアに対して「心の距離」が遠く、関係性が希薄なセグメントだ。だからといって、先に述べたとおり「ナチュラル低関与」が購買行動をしないわけでも、所得が低いわけでもない。つまり彼らは、あくまでメディアを通じない、店頭や街頭などの施策が有効だということなのだ。

まず、最大のメディアであるテレビから詳しく見ていこう。

メディアに対する意識の違い

まずは、図表4－2を見ていただこう。これは、6タイプ別のテレビに対する意識、関与度を尋ねた設問に対する答えである。このスコアも、30～40代の平均を100とし、指標化したものだ。

「見たい番組は時間をやりくりする」、「話題になった番組はなるべく見る」という設問に対して、**イメージ重視型の「考え方のクセ」を持つ「トレンドフリーク」と「コミュニティ同調」は明らかに高くなっている**ことがわかる。彼らにとって、テレビはとても近い存在なのだ。**同じ時間メディアに接していても、その情報の受け取り方や深さが異なってくる。**

すでに述べたとおり、6タイプで分けてもテレビの視聴時間そのものは1日2～3時間で、大きな変化はない。むしろデモグラフィック属性で切り分けたほうが鮮明で、たとえば仕事を持っている30代男性と、専業主婦で子育てをしている30代女性では明らかに後者のほうがテレビとの接触時間は長い。ライフスタイルを想像すれば、この点は容易に納得できる。

図表4-2　「考え方のクセ」によるテレビに対する意識

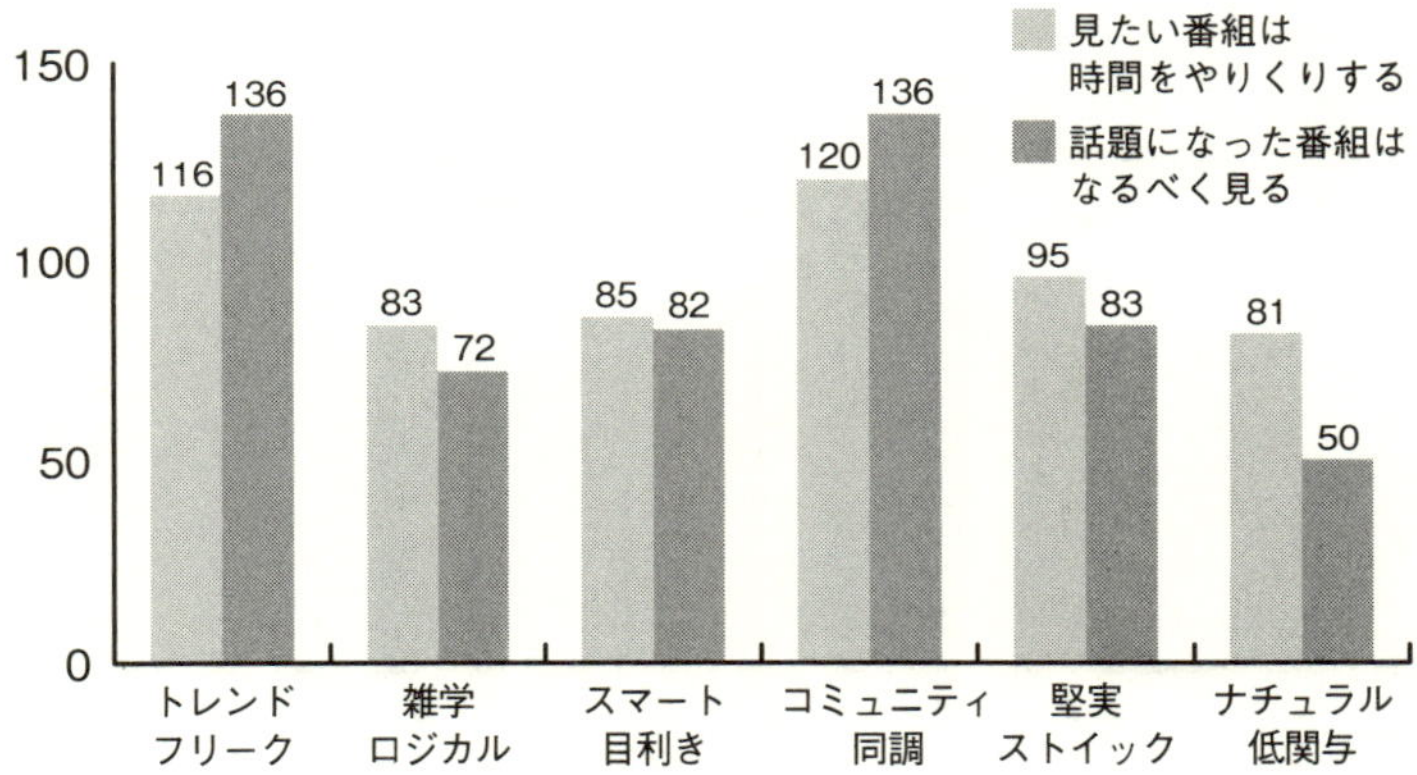

※ビデオリサーチACR／exデータ（全国7地区、男女30〜49歳）

ところが、たとえば「トレンドフリーク」だから子どものいない共働き夫婦が多いわけでも、「堅実ストイック」だから子どものいる専業主婦が多いわけでもない。「考え方のクセ」は、ライフスタイルとはあまり相関性が見られない。

ポイントは、6タイプ別でさほど変わらないテレビの視聴時間において、どんな番組から、どんなメッセージを、どのくらいの強さで受容しているのかが大きく異なるということだ。

テレビ番組を作るテレビ局の視点からも、番組がどの「考え方のクセ」の人に好まれているかがわかると、番組制作の課題が見えてくる。

自社のある番組がどのタイプに受けてい

るのかだけでなく、編成的な視点で、自局のラインナップがどの「考え方のクセ」に強く、どこに弱いのか、他局や裏番組とのバランスはどうなっているのかなどを知ることができるのだ。

また、デモグラフィック分析だけに頼りやすい現状を打ち破れるかもしれない。たとえば、昼間の番組であれば在宅者の多い主婦層向け、夜なら帰宅した社会人向け、といった編成を行うことが一般的だが、それだけだとどうしても似たようなテイストの番組、情報ばかりになってしまう。

本来、主婦なら誰でも芸能ニュースや家事の情報だけに興味があるわけではない。主婦にも6タイプの「考え方のクセ」がそれぞれ存在するのだ。

そこで「考え方のクセ」まで踏み込んで、自局、他局の番組を分析し、制作内容を検討していくと、これまでは見たいものがなくテレビを消していた層を取り込めるようになるかもしれない。

タイプ別に番組の内容が分散されれば、視聴者にとっても、見たくなる番組がどこかの局で放送されている可能性が高まることになる。「最近のテレビは面白い番組がない」という不満を和らげ、より多くの人にとって生活へのテレビの密着度が増す。結果としてテレビ全体としての最適化が進み、社会との関与度が高まるはずだ。

また、ビデオリサーチは半年に一度「タレントイメージ調査」を実施しているが、こちらのデータも「考え方のクセ」と連動して分析することができる。6タイプがそれぞれどのようなタレントを支持しているのか、今「誰推し」なのかが見えてくる。

図表4－3は、タレントイメージ調査と「考え方のクセ」から分析した、6タイプ別の好意度の高いタレントリストの例だ。

表中、網掛けで強調しているタレントは、全体のランキングでは5位以内に入っていないのに、6タイプのうちある特定の人びとからは強く好かれていることを示している。特定のタイプへのメッセージが届きやすいといえる。

ということは、CMに起用する際も、番組に起用する際も、誰に対してアプローチしたいかによってタレント起用の戦術も定量的に導ける。複数出演者がいる場合、視聴率を取りに行くのであればバランスの取れたキャスティングができるし、反対に思いっきり深掘りし、特定の層に偏らせたりすることもできる。

こうして、その瞬間、実際にどのような考え方の人に視聴されているのかが高精度でわかるようになれば、テレビ番組の作られ方や編成の方法、広告の買い付け方も変わってくるかもしれない。

コミュニティ同調

順位	男性タレント	人気度
1	明石家　さんま	54.2%
2	さまぁ～ず	48.4%
3	タモリ	47.9%
3	福山　雅治	47.9%
3	ゆず	47.9%

順位	女性タレント	人気度
1	浅田　真央	48.4%
2	杏	45.1%
3	DREAMS COME TRUE	44.5%
4	綾瀬　はるか	42.3%
4	上戸　彩	42.3%
4	ベッキー	42.3%
4	北川　景子	42.3%

堅実ストイック

順位	男性タレント	人気度
1	タモリ	64.0%
2	福山　雅治	56.0%
2	阿部　寛	56.0%
4	松岡　修造	54.7%
4	所　ジョージ	54.7%

順位	女性タレント	人気度
1	綾瀬　はるか	52.1%
2	上戸　彩	50.7%
3	浅田　真央	47.9%
4	天海　祐希	45.1%
4	杏	45.1%
4	松　たか子	45.1%

ナチュラル低関与

順位	男性タレント	人気度
1	タモリ	41.2%
2	阿部　寛	39.2%
2	石塚　英彦	39.2%
4	関根　勤	37.3%
5	大泉　洋	35.3%
5	岡田　准一	35.3%
5	志村　けん	35.3%

順位	女性タレント	人気度
1	天海　祐希	42.3%
1	綾瀬　はるか	42.3%
3	仲間　由紀恵	39.4%
4	浅田　真央	38.0%
5	杏	36.6%

※タレントイメージ調査　2015年8月度データ（男女10～69歳）
注：網掛けは、全体では6位以下でありながら、当該タイプの人気度では40%以上のタレントを示す

図表4-3 「考え方のクセ」によるタレント人気度ランキング

全体

順位	男性タレント	人気度
1	阿部　寛	53.8%
2	タモリ	50.4%
3	福山　雅治	50.3%
4	松岡　修造	49.7%
5	明石家　さんま	49.4%

順位	女性タレント	人気度
1	浅田　真央	50.3%
2	綾瀬　はるか	47.4%
3	DREAMS COME TRUE	44.2%
4	天海　祐希	43.5%
5	上戸　彩	42.7%

トレンドフリーク

順位	男性タレント	人気度
1	相葉　雅紀	58.6%
1	渡辺　謙	58.6%
3	福山　雅治	57.6%
4	阿部　寛	54.5%
4	大野　智	54.5%
4	ゆず	54.5%

順位	女性タレント	人気度
1	綾瀬　はるか	54.4%
2	DREAMS COME TRUE	53.4%
3	浅田　真央	51.5%
3	石原　さとみ	51.5%
5	ローラ	50.5%

雑学ロジカル

順位	男性タレント	人気度
1	阿部　寛	73.8%
2	所　ジョージ	67.9%
3	内村　光良	66.7%
4	さまぁ～ず	65.5%
4	松岡　修造	65.5%

順位	女性タレント	人気度
1	浅田　真央	62.8%
2	綾瀬　はるか	56.4%
3	上戸　彩	51.3%
3	仲間　由紀恵	51.3%
5	吉永　小百合	50.0%

スマート目利き

順位	男性タレント	人気度
1	阿部　寛	52.5%
1	阿部　サダヲ	52.5%
1	羽生　結弦	52.5%
4	岡田　准一	49.2%
4	岡村　隆史	49.2%
4	タモリ	49.2%

順位	女性タレント	人気度
1	浅田　真央	57.4%
2	天海　祐希	50.0%
3	深津　絵里	48.1%
4	ハリセンボン	46.3%
5	綾瀬　はるか	44.4%

図表4-4 「考え方のクセ」によるインターネットの意識

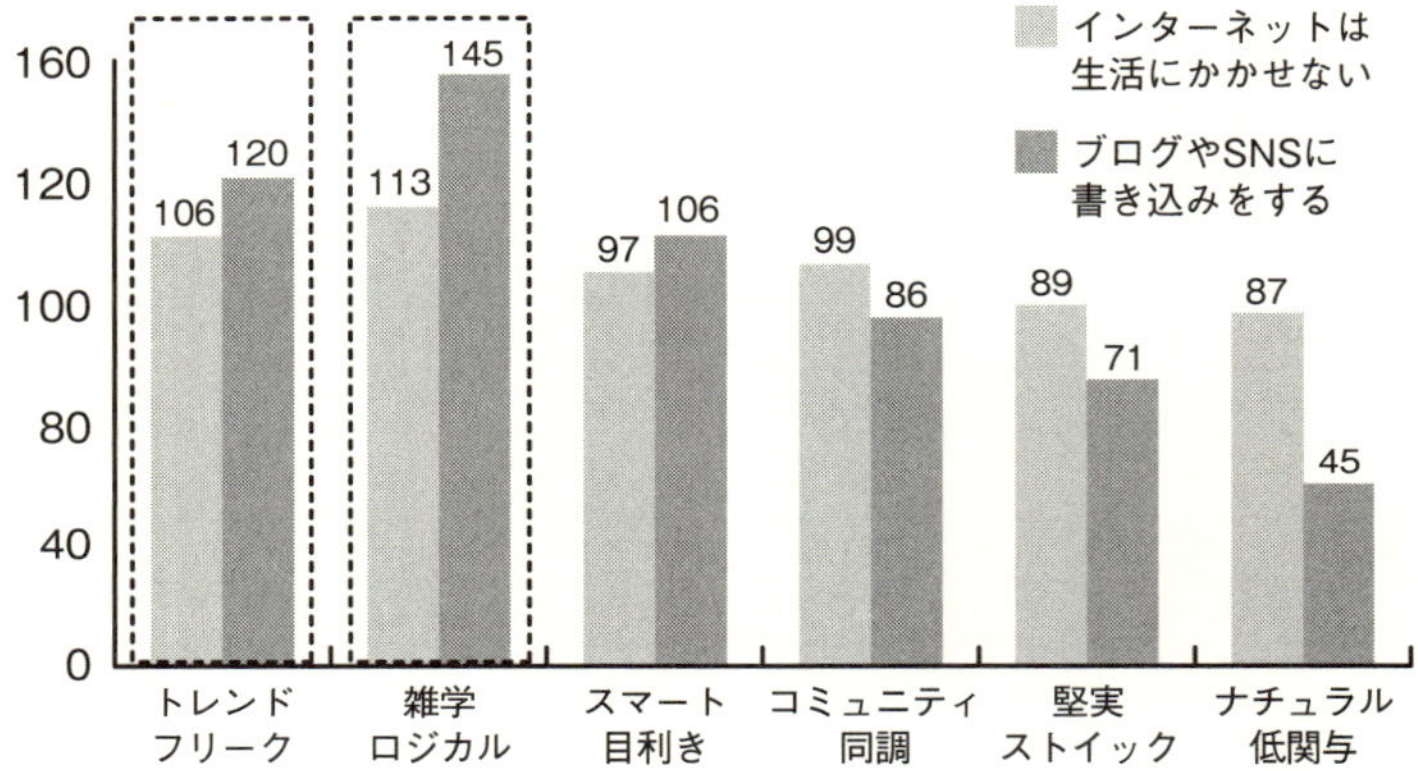

※ビデオリサーチACR／exデータ（全国7地区、男女30〜49歳）

次に、インターネットを見ていこう。図表4－4は、同じく6タイプ別にインターネット利用の意識を尋ねたものだ。

「インターネットは生活に欠かせない」「ブログやSNSに書き込みをする」という意識において、自発性の高い「トレンドフリーク」と「雑学ロジカル」が高い反応を示しており、よりネットへの「心の距離」が近いことがわかる。

雑誌は「トレンドフリーク」の関与度が目立って高い。お金を払ってでも差別化された情報を得たいという感度の高い人たちであることが想像できる。

突破できるキーワード、跳ね返されるキーワード

「届け方」を担うメディアに続いて、今度は「伝え方」、つまり**どんなキーワードやメッセージを使うと、それぞれの「考え方のクセ」において「マインド・ホール」を突破でき、選択に結びついていくのか**を見ていきたい。

まず、いきなりで意外に思われるかもしれないが、**全員の「マインド・ホール」を突破できるキーワードも存在する**。

「割引」や、「送料無料」などといった、**金銭的メリット**だ。これは6タイプどの人であっても反応する。つまり、金銭的メリットを喜ばない人はいないのだ。

では、6タイプ別に違いが顕著なキーワードを見ていこう。

たとえば、ごくありふれた「新発売」というキーワードがある。あなたなら、それを好むだろうか？　目の前に新発売とそうではない商品が並んでいたら、どちらを好むだろうか？

「新発売」というキーワードが響くのは、実は自発性の強い「考え方のクセ」、つまり「トレンドフリーク」、「雑学ロジカル」であり、それ以外の4タイプの人たちには同じだ

けの高い効果はない。「最先端」なども同様だ。

なぜなら、自発的ではない人たちにとって、人の様子を窺う前に動くことは魅力的ではないからだ。「新しい」ことはむしろ不安であり、価値ではないのである。

今度は「売上ナンバー1」というキーワードを見てみると、「コミュニティ同調」と「堅実ストイック」に対する効果が高いことがわかる。

「コミュニティ同調」は、他のみんなに売れているということが魅力的に感じられるし、「堅実ストイック」はすでに売れているものだから間違いのない商品であると判断をするのである。

「新発売」も「売上ナンバー1」も耳や眼に馴染んだキーワードであり、当然「新たに発売された商品」、そして「あるジャンルにおいてもっとも売れている商品」という情報を伝えている。その中身自体は、特に悪い内容とは考えられない。

しかし実際には、こうしたキーワードが「マインド・ホール」を突破し、喜んで受け入れるタイプがいる半面、「マインド・バリア」にはねかえされてしまうタイプもいる。

6タイプの「考え方のクセ」別に、「マインド・ホール」を突破できるOKキーワードの例をまとめたのが図表4-5だ。このキーワードは、ビデオリサーチの自主研究による調査から分析したもので、15～69歳を対象としている。

並んでいるキーワードのほとんどすべてが、一見するとポジティブな情報を訴求していることに驚いた方も多いのではないだろうか。しかし本当は、誰に対して売りたいのかによって、訴える内容も、もっとも目立たせるキーワードも細かく使い分けるべきことがわかるはずだ。

「高機能」と「多機能」は似ているキーワードだが、「雑学ロジカル」と「堅実ストイック」は正反対の反応をしている。

「雑学ロジカル」にとって、「高機能」であることは魅力的だが、かといって「多機能」を肯定するわけではない。同じ価格で機能が単に多いということに価値を見出していないのだ。

半面、「堅実ストイック」にとっては、「多機能」とは「お得感」そのものであり、とても重要な要素になる。

「最新」「最先端」「限定」といったキーワードは、他発的な人たちを取り込み、販売数を広げていく段階ではむしろ敬遠するべきで、「安心」「大ヒット」「お試しできます」といったキーワードで訴えないと、「マインド・ホール」をうまく通過できない。

現在行っているマーケティング・コミュニケーションの戦略がどの段階にあり、誰に対して行われているのかを把握できれば、適切なキーワードを選んで効果的に伝えていくこ

図表4-5 |「考え方のクセ」による効果の高いキーワード例

	キーワード例	トレンドフリーク	雑学ロジカル	スマート目利き	コミュニティ同調	堅実ストイック	ナチュラル低関与
金銭的メリット	送料無料、○%OFF、割引、値下げ、最安値	○	○	○	○	○	○
限定	期間限定、季節限定、数量限定、タイムセール	○	○	○	○	○	○
新しさ	新発売、最新、新入荷	○	○				
品質	高品質、高機能、最先端	○	○				
実績	売上No. 1、大ヒット、大人気、売れ筋、～受賞	○		○	○	○	
口コミ	口コミサイトNo.1、ランキング1位	○		○	○		
お試し	お試し価格、お試しセット、お試しサイズ		○	○		○	
産地	国産、Made in Japan		○			○	
希少性	ハンドメイド、オーダーメイド		○				
安心感	～だから安心、～で納得					○	
お得感	多機能、××付き					○	

※ひと研究所　自主研究調査データ（全国、男女15～69歳、インターネット調査）

とができる。

また、同時に複数のパターンを展開する際は、使うキーワードを効果的に切り分けることも可能になる。

ヒットの法則は「メディア×キーワード」で説明できる

生活者が情報を選択する際、どんなメディアを好んで選んでいるのか、そしてどんなキーワードが「マインド・ホール」を通過しやすいのかがご理解いただけたのではないかと思う。

生活者の「考え方のクセ」を的確に捉えると、自ずと「マインド・ホール」を通過する方策も見えてくるのだ。

ヒット商品の背景を研究していくと、この点を巧みに捉えて戦略を練っていることがわかる。

たとえば、ある特定の「考え方のクセ」の人たちだけを対象に、ひたすら狙い撃つ方法が考えられる。「雑学ロジカル」の反応がよい商品があるとすれば、まず「雑学ロジカル」に対して集中的にコミュニケーションを取ることはごく合理的な方策だ。そこで「雑学ロジカル」が好むインターネットやSNS、ラジオや新聞などを積極的に用いる代わり、テレビは控えめにしておく。

訴えるキーワードも、「雑学ロジカル」の好むものを積極的に取り込んでいく。たとえば、「一生もの」「ハンドメイド」「最先端」「レアアイテム」「高品質」などを組み合わせて価値を訴求していく。

他のアプローチも考えられる。訴求する順番、そして施策を明確に分け、ロジカルにアプローチしていく方法だ。

イノベーター理論（72ページ参照）と少し似ていると思われるかもしれないが、私たちの提案はある商品やサービスに対する態度を見計らうのではなく、あくまで不変の「考え方のクセ」を対象とするため、**「考え方のクセ」に基づいて、メディア群×キーワード群の組み合わせだけで、どんなものでもロジカルなアプローチに落とし込める。**

「考え方のクセ」をつかんだうえでのマーケティング・コミュニケーション。これが、今後重要なポイントになってくる。

企業インタビュー

ここからは、実際に企業でマーケティングの第一線に携わっている方、そしてビデオリサーチの知見をビジネスに活用している企業の担当者との意見交換や事例研究を通じて、実際に「考え方のクセ」をどのようにとらえ、今後活用していけそうなのか、そして私たちビデオリサーチの課題と可能性について、インタビューを交えながら探っていきたい。

▼アサヒビール株式会社　「アサヒスーパードライ　ドライプレミアム」
▼株式会社フィリップス　エレクトロニクス　ジャパン　「ノンフライヤー」
▼株式会社日立ソリューションズ　「ＣＲＭソリューション」

PART 1

アサヒビール株式会社

マーケティング本部　マーケティング第一部
副課長　吉岡 孝太氏

トップブランドでプレミアム市場に乗り込む

日本のビール消費量のおよそ半分を占めている「アサヒ　スーパードライ」。1987年の発売以降、従来の常識をくつがえす「辛口」と「キレ」で洗練された味を訴え、今日に至るまでトップブランドとして走り続けている。

吉岡孝太氏は2007年、アサヒビールに入社した。営業を経て2009年からマーケティング本部に異動。「アサヒスタイルフリー」や「アサヒオフ」などの機能性ビール類商品を担当した後、新商品開発、チューハイやカクテルなど低アルコールブランドの担当、「アサヒドライゼロ」などビールテイスト清涼飲料専任を経て、2014年からビールチームに異動し、プレミアムビール「アサヒスーパードライ　ドライプレミアム」を担当している。

長年トップに君臨している「スーパードライ」だが、近年ギフト市場においてプレミアムビールが伸長している。アサヒビールは、「スーパードライ」という日本のビール市場を代表するブランドをポテンシャルとして活かしながら、2013年に「ドライプレミアム」をギフト限定商品として発売、看板ブランドを活かしたプレミアム市場への参入に結びつけた。2014年2月には全国全業態での通年展開を開始している。

押しも押されもせぬ定番としての「スーパードライ」が持っている価値と、プレミアム感をどう掛け合わせていくのか。プレミアムビール市場における突破口を探るマーケティングを続けている。

定性を定量的に把握する

吉岡氏に「情報×選択セグメント」のご説明をすると、**まず共感を得られたのは、デモグラフィック属性を用いた分析の「キレ味の悪さ」**だった。

「デモグラフィックがスクリーニングの基本である、という意識は変わらず持ってはいるのですが、定性的な情報に踏み込むと、いろいろと変数があり過ぎて、結局一概には切れないということを強く感じています。**もっと違う情報を掛け合わせないといけないのではないか、という感覚が常にあるんです**」

バックボーンが違えば、デモグラフィックが同じでも結局まったく違ってきてしまう。吉岡氏がそう強く感じるようになった理由を聞くと、現在、商品開発のコンセプトメイクにおいては、定量データはもちろんのこと、定性情報をより重視するという流れになっているからだという。

1対1のデプスインタビューを重ね、そこからさまざまなヒントを探り出し、有効と思われるものを深掘りして、新しいコンセプトの「鉱脈」を探るそうだ。

「定性を定量的に把握している、とでもいうのでしょうか。インサイトの探索に時間をかけ、そこから構築された有効と思われる仮説を定量データで検証して、コンセプトを見出していきます」

その背景には、複雑化し、なかなか姿が見えてこない顧客から、ヒントをていねいに探ろうという強い意図が感じられた。

６タイプの「考え方のクセ」に対して、吉岡氏が真っ先に反応したのは「雑学ロジカル」だった。インタビューでも、プレミアム市場においては「ビールを飲む」というよりは、「世界観を楽しむ」という感覚が顕著で、どうすればそうした層に対して効果的にアプローチできるかを常に考えていたという。

「**プレミアムビールが好きな方は、ビールを飲む以上に、頭で飲んでいる**という気がしていたんです。そこで**『雑学ロジカル』という形で見せられると、まさにこのグループ**なのかな、という気がします」

ビールをただ飲むだけでなく、広告に接触したところ、店頭で買うところからストーリーは始まっている。ただ酔えればいいのではなく、シチュエーションづくりやグラスの準備など一手間も惜しまない。「雑学ロジカル」の中に、そんな「カスタマイズした楽しみ」が見えてくる。

ドライのDNAをどう打ち出すか?

吉岡氏は、プレミアムビール市場におけるマーケティングの難しさを、世界観とスペックのバランスの取り方だと捉えている。

ビールではなくストーリーを買ってもらうための「ドライプレミアム」の世界観、イメージ。そして、ビールよりも高い「ドライプレミアム」を納得して買ってもらうためのスペックの説明。この両者のバランスをどう取っていくのかが課題だ。

なぜ少し高いお金を払ってプレミアムビールを飲むのか。その価値は、案外情緒的で、捉えどころがないようにも思える。

しかし、プレミアムビールを好む人たちにも、一定層はコクや濃い味が「重くて飲みづらい」と感じている層がいることも見えてきた。

そんな人たちにどのようなメッセージを発信すれば、既存のプレミアム市場に一石を投じられるのか。プレミアムである以上、意識に訴え、理解をしてもらうことがベースにないと、売れ行きにはつながりにくい。

「一般的なプレミアムビールに求められている『コク』に加え、スーパードライの強みである『キレ』を加えてプレミアム市場で新しい価値の提供をしていきたいですね」

そのためには、機能面でも情緒面でも、「考え方」や「意識」を探る方向性に進むしかないと吉岡氏は考えている。

ロジカルにクリエイティブする時代

多くの生活者から共感を得るためには、**投網を投げるのではなく、小さなブロックのようにセグメントを積み上げていかなければならない**。そのために、そのブロックが抱えているロジカルなデータをできるだけ拾い上げ、感覚や感性だけで勝負しようとするクリエイティブの世界から脱することが大切だ。

「その際、同時に競合する他社が今ど

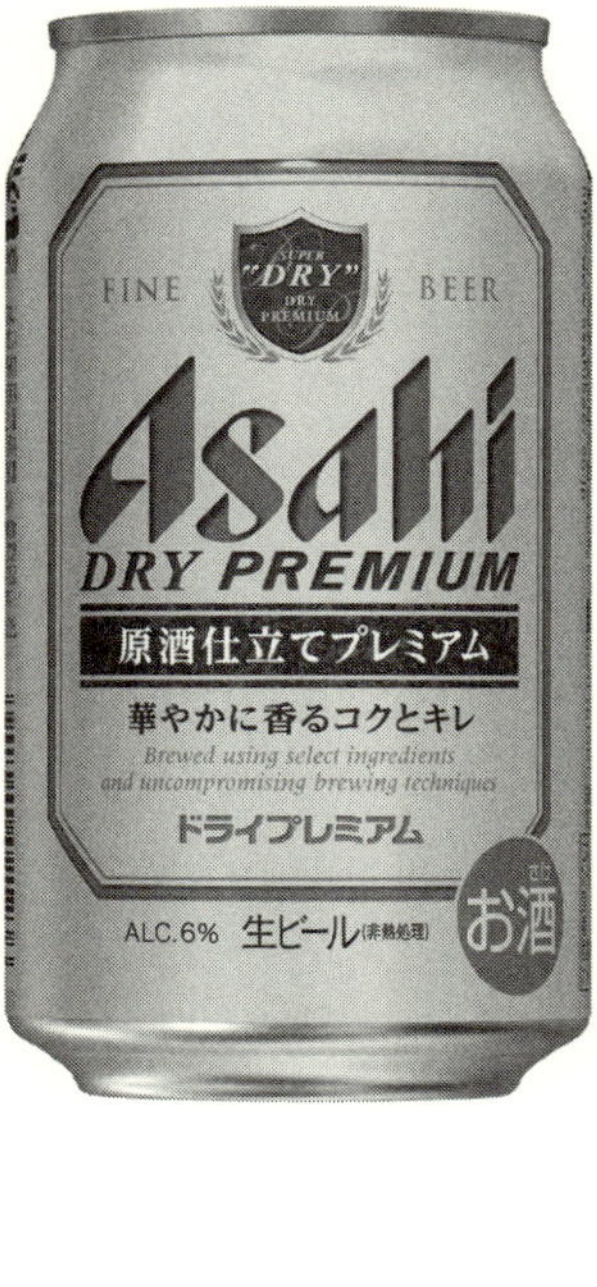

こで勝負していて、自分たちはそれを受けてどこでどう挑戦するのかが見えてくるといいですね。そして『雑学ロジカル』の人たちに絞り、さらに**深く把握をしたい**ですね。たとえば他にどんなものに興味があるのかとか。そうしたものがはっきりすればするほど、**新しい戦略は考えやすくなりますよね**」

今伸びているところを深掘りする場合でも、これから横方向に伸ばしたいケースでも、どんなタレントによって、どんなキーワードを使い、どこのメディアを選べばいいのかは、自ずとロジカルに見えてくる。６タイプの中から、さらに深くタイプを分けていくことも可能だ。

最後に、ビデオリサーチの生活者研究に対する期待を聞いてみた。

「まず、高価格帯商品を開発している現在の私の仕事からは、シニア層の分析に期待しています。そしてビール業界全体の大きな課題として、若者のビール離れへの打開策のヒントを探っていただきたい。『酔うことはカッコ悪い』という若者たちにどんなアプローチをすればメッセージが届くのか、強く関心を持っています」

ただでさえカオス化が進行している中で、世代間、年代間での意識の違い、断絶も次第にはっきりしてきている。特に若者に対しては、既存の「直球」的な広告アプローチは通用しにくくなっている。

変化していく世の中を拾い上げるヒントを、定性の定量化に求めているという方向性には、私たちも強く共感できるところがあった。

私たちも、いただいたヒントをもとに、新たな知見の発掘やマーケティング活動への活用に励みたい。

PART 2

株式会社フィリップス　エレクトロニクス　ジャパン
マーケティング　ドメスティックアプライアンス
シニアマネージャー　佐野　泰介氏

「マインド・ホール」を突破した「ノンフライヤー」

油を使わずに、熱と空気で揚げ物が作れるフィリップスの調理家電「ノンフライヤー」。２０１３年４月の日本発売開始直後から爆発的ヒット商品となり、日本にこれまで存在しなかった調理家電の新ジャンルを作り上げた。同年の「日経ＭＪ」ヒット商品番付にも選ばれている。

私たち日本人には意外なことかもしれないが、「ノンフライヤー」の日本市場への投入は、世界での発売から約3年を経てのことだった。日本におけるフィリップスは、シェーバーをはじめとする理美容製品や、電動歯ブラシに代表されるヘルスケア商品、オーディオ製品などのイメージが強かったが、「ノンフライヤー」は日本市場で45万台以上を出荷し、フィリップスにとっても世界全体の約1割を占める大きなマーケットに成長した。多くの日本人の「マインド・ホール」を突き抜けたことになる。

２０１４年からは、日本のユーザーの意見を取り入れたバージョンアップ製品「ノンフライヤー　プラス」を投入した他、自宅でそばやうどん、パスタなどの生麺が簡単に作れる調理家電「ヌードルメーカー」の発売も始まった。今やフィリップスは、日本でも調理家電の分野で大きな存在感を得るに至っている。

ビデオリサーチでは、「ノンフライヤー」がなぜ「マインド・ホール」を突破できたのか、成功の秘密を「情報×選択セグメント」を用いて読み解いた。すると、日本市場の投入から大ヒットに至るまでの短い間に、極めてロジカルなアプローチによるコミュニケーションが行われている、興味深い成功事例であることがわかった。

私たちの読み解きは、実際にヒット商品を手がけた方の眼にどう映るのだろうか？

現在、フィリップス　エレクトロニクス　ジャパンで「ノンフライヤー」を中心とした調理家電のマーケティングを担当している佐野泰介氏は、２００５年にマスターフーズリミテッド（現・マースジャパンリミテッド）でキャリアをスタートさせ、人事、営業、マーケティングを担当した。その後知人とともに独立してマーケティングコンサルティングを手がけたが、再びメーカー側で商品開発に携わる機会を得て、２０１２年にフィリッ

プス　エレクトロニクス　ジャパンに入社。調理家電をはじめとする新規事業の立ち上げを担当している。

ロジカルアプローチの裏側、そして今後の可能性について、さまざまな意見を交換することができた。

インサイトはひと次第？

まず、私たちの提案している「情報×選択セグメント」における、6タイプの「考え方のクセ」について、率直な感想を伺った。佐野氏は、それまで抱えていた感覚と近いものを感じ、すぐに腑に落ちたという。

「今は価値観の許容範囲が広がっているため、性別・年齢だけではわかりません。何によってセグメントが『切られて』いるのかを考えるとき、**どんな価値観をもとに、どう行動したいのか、どのような生活をしたいのかを探っていくというアプローチは、とても納得**がいきやすいですね」

それまでも佐野氏やその周辺では、さまざまな目的でインサイトベースのマーケティングリサーチをかける際、ひとまず性・年齢別でセグメントをしてみると、どの層にも同じようなインサイトが、しかも一定の割合で見受けられる印象を持っていたという。これは、複雑化しすぎた世の中はデモグラフィックだけでは切れないという私たちの感覚に近い現象だと感じる。

とりわけ佐野氏は、さまざまなカテゴリでインサイトを探るなかで、「モノ」を通して考えることへの限界を感じていた。ドッグフードを買う人のインサイト、チョコレートを買う人のインサイト、調理家電を買う人のインサイト……本当は、どれも買う人次第なのではないか？

そうした発想の下に、**一旦は「ひと」にアプローチするマーケティングプランを考えるのだが、すべてをヒト起点で貫くことはとても難しい**のだという。社内におけるマーケティングプランはあくまでモノ単位であるし、予算も当然モノ単位で割り振られる。そもそも、セクションや担務もモノ単位で割り振られていることが多い。

結果として、広告代理店と相談しながらメディアプランに落とし込む際には、結局20代女性向け、30代夫婦向け、というデモグラフィックの話に立ち戻ってしまうことが多くなってしまうのだという。

「カテゴリを切らずに『ひと』の考え方に訴える、というのは、なかなか社内と社外で共有されにくいコンセプトなんです。その点、ビデオリサーチのアプローチは、**生活者そのものをシンプルで大きな塊として見ていく点がとても興味深い**ですね」

商品開発からマーケティング、そしてメディアプランに至るまでロジカルに「一気通貫」できることが、私たちの提案している「考え方のクセ」の大きな特徴だ。「作って分ける」だけのセグメンテーションに満足することなく、初めから終わりまで答えを導ける、入口から出口まで継続して使っていけるソリューションを提案していきたい。

「ノンフライヤー」成功の5つのアプローチ

では、「ノンフライヤー」の成功における私たちの読み解きをご紹介していこう。

「ノンフライヤー」は、一見マスコミを巻き込んで爆発的に売れた、つまりどの「考え方のクセ」を持つ人にもほぼ同時に届く強烈な商品性やメッセージを持っていたように感じられるかもしれない。だが実際は、プロダクトライフサイクル（上市以降のモノの需要の

「寿命」）に合わせて、さまざまな方法によるコミュニケーションが取られていた姿が見えてくるのだ。

私たちの分析による「ノンフライヤー」のアプローチを図表4－7にまとめた。これを段階別に5つに分解すると、次のようになる。

①日本市場での発売に合わせ、テレビを用いたPRで「日本上陸」というメッセージをアピールした。
②家電量販店で詳細な機能を説明したPOPを展示した。
③東急ハンズやロフトなどといった、生活雑貨を扱う「ライフスタイル」提案型の店舗で、生活との一体感を訴求した。
④テレビのPRでは「大ヒット中」というメッセージを打ち出した。
⑤屋台の形を模したセットで試食を展開し、実際に「ノンフライヤー」を使った場合の「味」を伝えるという取り組みを行った。

つまり、「ノンフライヤー」という同じ商品のメッセージを、違う形、そして異なる

図表4-7 「考え方のクセ」から見た「ノンフライヤー」のコミュニケーション分析

コミュニケーション施策の展開（時系列）

① テレビPR（「日本上陸」）
② 詳細な機能説明（POPなど）
③ 生活との一体感訴求（東急ハンズなど）
④ テレビCM（「大ヒット中」）
⑤ 屋台での試食キャンペーン
（失敗しない選択の訴求）

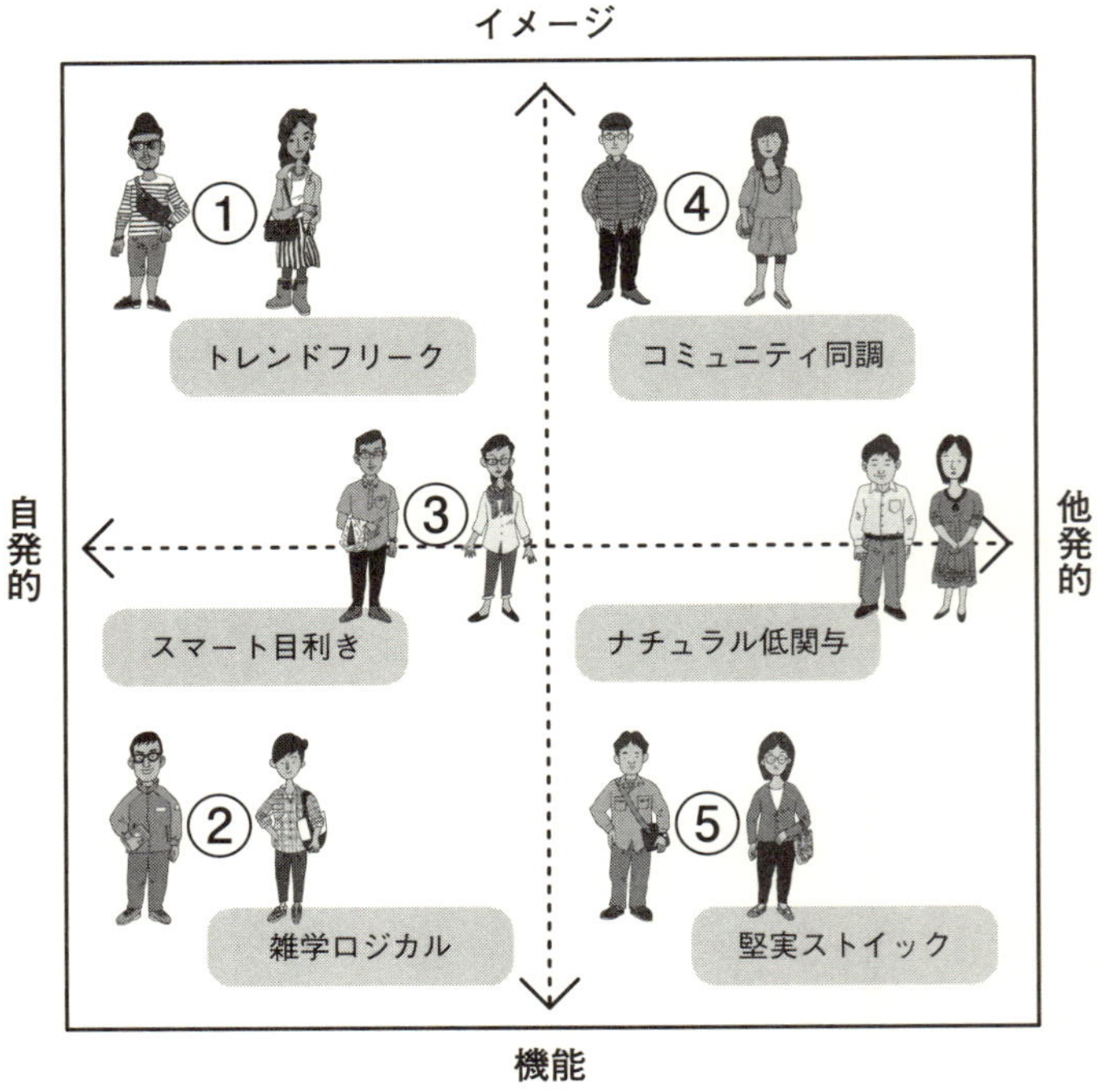

メッセージで発し、それぞれが狙った「マインド・ホール」を突破できていたのだ。

これらのアプローチを、私たちの考える「考え方のクセ」を用いて読み解くと、こんな形になる。

①発売当初のテレビPRにおける「日本上陸」というメッセージによって、「トレンドフリーク」がイメージを買った。
②家電量販店における機能を訴求したPOP展開によって、「雑学ロジカル」が機能を買った。
③東急ハンズやロフトなどにおけるPOP展開によって、「スマート目利き」がライフスタイルを買った。
④改めてテレビにおいて、販売が好調であることを示す「大ヒット中」というメッセージをPRすることで、「コミュニティ同調」が流行を買った。
⑤試食の展開によって、本当に油で揚げなくてもおいしく、無駄な買い物ではないことがわかり、「堅実ストイック」が保証を買った。

形も機能も価格も変わらないひとつの商品を、それぞれのセグメントに適したメディア、つまり**「届け方」と、メッセージ、つまり「伝え方」によってロジカルにアプローチしたことで、それぞれの「マインド・ホール」を突破することができ、大成功したのではないか。これが、私たちが読み解いた「ノンフライヤー」ヒットの背景**だ。非常に驚かされるのは、比較的短期間のうちに時期をずらしながら、各セグメントに最適なアプローチが行われていたことである。

大ヒットの裏側で何が起きていた？

私たちは、こうした佐野氏たちの取り組みが、着想だけでなく、実際の戦略や戦術にまで落とし込まれ、しかも大きな成果を挙げたことに深い敬意を抱いている。

では、私たちの読み解きの向こう側、つまり実際のマーケティング・コミュニケーションの現場では、どのようなことが起きていたのだろうか？

実は「ノンフライヤー」の売れ方は、当初の佐野氏たちの想定とはまったく違っていたのだという。発売開始前は、もっと浸透に時間がかかることを予想して、じっくりと取り組む構えでいたのだ。

日本市場への投入はあくまで挑戦であり、したがって当初から大きな予算はかけられない。まずマーケティングの対象とするのは、同社の調理家電におけるセグメントで、情報感度も収入も高く、子どもの有無にかかわらず「新しい調理方法、調理器具を積極的に試したい」と考えている層だった。彼らにじっくりアプローチして日本市場の足掛かりを作り、その後、この層に次ぐ情報感度と収入があって、「料理を通じて家族に愛情を注ぎたい」と考えている20〜40代の家庭に届き始めるまでは、およそ2年程度の時間を要するだろうと想定していたのだという。

「しかし、蓋を開けてみれば、発売まもなく当初の想定を数倍も上回る勢いで売れてしまいました。嬉しい半面、いち早く情報感度の低い層へのアプローチを始めないと、後発品にさらわれてしまいます。特に私たちはこのジャンルでは新参者ですから、長い歴史と信頼感のある国内ブランドにはかないません」

発売後わずか4カ月で、当初の想定を大幅に修正することになった。発売初年度で一気にターゲットを拡大してメジャー感を獲得し、日本市場への定着を図る戦略に変更したという。

当初2年間かけてコミュニケートするはずだったメッセージは、「主に調理家電のマーケットにおけるフィリップスという世界的ブランドの価値、日本初上陸という新しさ、世界でヒットしているあの商品がやってきた」といった内容だった。それを、「油を使わない調理器具ナンバー1、大ヒット中の話題の商品」といった、情報感度の低い人に届きやすいメッセージに急ぎ変更し、ボリュームゾーンに一気に食い込むことを狙った。その結果、認知率、購入検討率は大きな伸びを見せた。

ただ、新しい調理器具はイメージが湧きにくく、ボリュームゾーンにとっては購買に至るハードルが高い。「油を使わずに、本当においしい揚げ物ができるのか？」という素朴な疑問、懸念を払拭するため、まずは実際に食べてもらうことが大切と判断し、ショッピングモールで試食会を展開した。その際は、おいしいという感覚を、家族全員で共有してもらうことに腐心したという。

結果、購入層は当初の中心だった30～40代から広がりを見せ、同年秋以降は20～30代の比較的若年層が目立って伸び、60歳以上の購買層を増やすことにも成功した。

戦略の変更後、他発的な人たちに訴えるため、「大ヒット中」や「ナンバー1」などの同調を促すメッセージを増やしたことで若年の購買層が増えたというのも、私たちの研究からは至極納得がいく。117ページの図表3－14を思い出していただきたいのだが、「考え方のクセ」を年代別に見ていくと、若年層ほど自己の考えが固まっておらず、同調的な傾向が見られるからだ。

「こうして考えますと、ビデオリサーチさんのセグメントにおけるプロット図の左側（自発的な層）から右側（他発的な層）へ浸透していく流れだったことがよくわかりますよね。**自分たちの考えてきたマーケティング・コミュニケーションがどうやって生活者に届いたのか、改めて納得させてもらえた感覚**があります」

「マインド・ホール」を突破するネーミング

私たちの眼には、フィリップスのマーケティング・コミュニケーションにおける「マインド・ホール」突破の力は、ネーミングにも活かされていると感じられる。

日本では「ノンフライヤー」として知名度を高めたが、実は世界市場においては「エアフライヤー」という商品名で販売されている。「空気が新しい調味料」というコンセプトを打ち出して実績を挙げていたのだ。

しかし、このまま日本市場に持ち込んで、生活者から理解を得ることができるのか。日本サイドは否定的な見方をしていた。事前にモニター調査を試みたところ理解度が高くなかった。じっくり説明されれば理解度は深められるものの、引き換えに認知度は下がってしまう。

「ただでさえ情報が入り交じって『ややこしい』時代に、さらにややこしい話をして、結果としてややこしい商品だと思われることは避けたかったのです」

情報がややこしい時代、という表現が、私たちの考える「コミュニケーション・カオス」と重なる。

そこでフィリップスチームは、日本人たちがこの商品の価値をどんな言葉で説明されれば響くのか、現場で徹底的なリサーチを始めた。

スーパーマーケットの店頭で、レストランやカフェで、「ヘルシーな揚げ物」として展開されている商品のワーディングを調べていった結果、もっとも「ピンときた」ワードは、「ノンフライ」だった。

「ノンフライ」を作る器具だから、「er」をつけて「ノンフライヤー」。

商品名にどんなメッセージを込めればわかってもらえるのか。それは私たちの考える「マインド・ホール」探しの目指しているものと酷似している。

結果、発売わずか3カ月で女性認知度75％を獲得するという圧倒的なネーミングの勝利を得ることができた。この新商品が何者なのか、生活者の脳に届いたのである。同時にメディアからも取り上げられやすかったという。

ところで、「エアフライヤー」を使うかどうかはさておき、市場にない新しい価値を持つ商品だけに、まったく新しい造語的な商品名を創出し、普及させるという方向は考えなかったのだろうか？

「方法論として否定はしませんが、それには莫大なお金がかかります。ローンチの段階で新しいワードを浸透させるほどの予算はなかなか確保できませんし、フィリップスは当時、日本において調理家電のブランドイメージが確立していなかったですからね」

その代わり、佐野氏たちが狙ったのは、生活者の頭の中にすでに存在しているイメージをいわば「借用」することだった。だからこそ、現場を回って「油を使わないヘルシーな揚げ物が作れる調理家電」の価値を、すでにあるワードだけを使って表現することに心を砕いたのである。

フィリップスの最新調理家電「ヌードルメーカー」は2014年に上市されたが、このネーミングにおける「借用」は、「ノンフライヤー」の大ヒットによって、もはや自社自身が対象となっている。

「そばやうどんが手軽に作れるわけですから、当初は和風の訴求で『家麺』とか『生麺』とか考えていたのですが（笑）、最終的には『ノンフライヤーのフィリップス』が次に放つ最新の調理家電、という見え方を優先し、ネーミングも寄せることにしました」

「ノンフライヤー」の際と大きく違うのは、すでに日本市場において、フィリップスの「イノベーティブな調理家電メーカー」というブランドが、生活者の頭の中に確立されていることだ。

特に「自発的」な層はこのブランドイメージを好み、また重視するため、「ノンフライヤーのフィリップス」が次に市場に訴える新しい価値をネーミングに盛り込まなければ、せっかく開拓した新しい調理家電市場を手放すことにもなりかねない。つまり、「ヌードルメーカー」というネーミングは「自発的」な層へのメッセージなのだと、私たちには映った。

一方で同社は、ほぼ同時期に「ノンフライヤー」のバージョンアップ版として、日本のユーザーの意見を取り入れて改良を施した「ノンフライヤー　プラス」を投入した。ネーミングだけを単純に比較すれば、既存品に単に「プラス」が付されただけである。しかし、実はここにも重要な意味が隠されている。

さらに「ノンフライヤー」を拡販していくには、より「他発的」な層、最後まで購買しない人たちを取り込む必要がある。この層は新製品の目新しさには決して飛びつかず、「後から出る、より進化して手堅い、間違いのない商品」を好む傾向があるため、すでに認知度の高い「ノンフライヤー」であれば、単純に「よくなった、新しくなった」ことを示す「プラス」をつけるネーミングこそが、必要にして十分なメッセージなのだ。

まだまだ「売り逃し」がある？

すでに大ヒットを達成した感のある「ノンフライヤー」。その後の戦略について佐野氏が考えているさまざまなヒントを教えてもらったが、ビデオリサーチが「考え方のクセ」を用いて「ノンフライヤー」の現在の市場分析を独自に試みたところ、少し意外な結果が出た。

図表４－８は、ＡＣＲ／ｅｘデータをもとに「ノンフライヤー」をはじめとした「油を

全体

	全体	トレンドフリーク	雑学ロジカル	スマート目利き	コミュニティ同調	堅実ストイック	ナチュラル低関与
欲求	32.8	39.1	30.4	33.6	34.0	31.1	25.9
購入	3.8	4.2	4.0	3.4	4.1	3.5	3.4
欲求-購入	**29.0**	**34.9**	**26.4**	30.2	**29.9**	**27.6**	**22.5**
構成割合		21%	18%	10%	21%	19%	12%

女性

10-20代

	全体	トレンドフリーク	雑学ロジカル	スマート目利き	コミュニティ同調	堅実ストイック	ナチュラル低関与
欲求	35.0	41.5	34.8	32.5	32.2	36.3	24.0
購入	3.4	3.5	5.2	3.1	3.6	2.8	1.4
欲求-購入	**31.6**	**38.0**	**29.6**	29.4	**28.6**	**33.5**	**22.6**
構成割合		28%	12%	12%	26%	14%	8%

30-40代

	全体	トレンドフリーク	雑学ロジカル	スマート目利き	コミュニティ同調	堅実ストイック	ナチュラル低関与
欲求	39.9	44.7	32.7	43.7	44.2	36.4	29.9
購入	3.5	3.4	4.3	2.4	3.1	4.4	3.7
欲求-購入	**36.4**	**41.3**	**28.4**	41.3	**41.1**	**32.0**	**26.2**
構成割合		26%	13%	11%	22%	18%	10%

50-60代

	全体	トレンドフリーク	雑学ロジカル	スマート目利き	コミュニティ同調	堅実ストイック	ナチュラル低関与
欲求	35.4	42.7	33.9	34.6	38.0	34.2	27.7
購入	4.8	6.1	4.3	3.8	8.0	3.4	4.0
欲求-購入	**30.6**	**36.6**	**29.6**	30.8	30.0	**30.8**	**23.7**
構成割合		17%	13%	14%	16%	29%	12%

※ビデオリサーチACR／ex　2014年4～6月（7地区データ、男女12歳～69歳）

図表4-8 「考え方のクセ」から見た「ノンフライヤー」の市場分析

（太枠）… 購入に一番近い有望層
（欲求－購入＝全体平均以上、構成割合≧20%）

（網掛け）… 欲求自体を上げるべき層
（欲求＝全体平均以下、構成割合≧20%）

男性

10-20代

	全体	トレンドフリーク	雑学ロジカル	スマート目利き	コミュニティ同調	堅実ストイック	ナチュラル低関与
欲求	24.9	29.9	28.9	24.6	23.2	18.5	19.3
購入	3.3	3.8	4.3	3.1	2.5	2.2	3.8
欲求-購入	**21.6**	**26.1**	**24.6**	21.5	**20.7**	**16.3**	**15.5**
構成割合		18%	22%	10%	29%	13%	8%

30-40代

	全体	トレンドフリーク	雑学ロジカル	スマート目利き	コミュニティ同調	堅実ストイック	ナチュラル低関与
欲求	31.1	34.2	30.4	29.1	32.4	32.2	27.0
購入	4.2	4.9	3.2	5.1	3.9	5.3	3.8
欲求-購入	**27.1**	**29.3**	**27.2**	24.0	**28.5**	**26.9**	**23.2**
構成割合		20%	25%	7%	19%	15%	14%

50-60代

	全体	トレンドフリーク	雑学ロジカル	スマート目利き	コミュニティ同調	堅実ストイック	ナチュラル低関与
欲求	28.3	36.5	26.0	29.6	33.3	24.4	24.3
購入	3.4	3.6	4.0	3.3	4.6	2.2	3.1
欲求-購入	**24.9**	**32.9**	**22.0**	26.3	**28.7**	**22.2**	**21.2**
構成割合		15%	22%	6%	16%	22%	20%

使わない揚げ物調理器」の購買動向を、６タイプの「考え方のクセ」別に分類したものだ。

私たちはまず、「購入したいという欲求のある人が多いにもかかわらず、購入に至っていない人の多い層」の比率を平均値と比較し、高い値を示した「考え方のクセ」（表中カコミで強調している部分）を購入にもっとも近い有望層として捉えた。

すると、「トレンドフリーク」と「コミュニティ同調」という、「情報×選択セグメント」における「イメージ軸」に寄っている層が見出された。さらに、補足的に男女別、年代別にも分析してみたところ、「雑学ロジカル」の男性へのアプローチも有効なのではないかという結果を得た。

この人たちの中には、意外にも、欲求を持っているにもかかわらず購入に至っていない人がまだ残されている。ということは、なぜ購入に至らないのか、セグメント別にどのポイントを押せば購入につながるかを検討することが、次の展開のヒントになるのではないだろうか。

次に、そもそも「購入したいという欲求自体が足りない層」の比率が多い層（表中アミ掛けで強調している部分）に対して、欲求自体を引き上げる展開が有効になるのではないかという仮説を立てた。これに該当するのは、特にシニア層における「堅実ストイック」である。

「現在の私たちのマーケティングは、ビデオリサーチさんのプロット図でいえば『他発』側、『コミュニティ同調』や『堅実ストイック』に軸足を置いています。しかし『自発的』な層にも欲求と購入のギャップがあり、まだ伸びしろがあるという点には、少し驚かされました」

無論、佐野氏のチームも、それまでの考えとはやや異なる新たな発見といくつも出合っているという。

「たとえば、購入はしないけれど自発的に情報を広げてくれる層の存在です。新しい発見や他人への発信が好きなのに、購入にはそれほどこだわらない層があるのではないかという考えの下に、SNSコミュニティなどでのコミュニケーションを始めています。こうした層にも、実際に購入してもらうやり方があるのかもしれませんね」

本当に使えるセグメンテーションとは?

大成功を収めた「ノンフライヤー」。しかし、マーケティングに携わっている佐野氏たちの悩みは尽きないという。

現状フィリップスでは、「モノ」起点、「ジャンル」起点のセグメンテーションになっている。調理家電以外にも、シェーバーにはシェーバーの、電動歯ブラシには電動歯ブラシのセグメンテーションがある。そして、深くインサイトを探り異なる結果が得られても、購入段階ではうまく差異が見出せなかったり、よりセグメンテーションを複雑化して購入に至る流れをモデリングしようとしても、取り組めば取り組むほど難しくなったりするというのだ。

そして、マーケティングの規模が大きくなればなるほどリソースを消費するだけでなく、同じレベルで過去のデータを検証することも、数年後の未来を予測することも難しくなってしまう。

「私たちの間でよく語られるのは、1年かけて壮大なセグメンテーションを完成させたと思ったら、まったく新しいモデルが現れて、結局それをもとにまた新たに壮大なセグメンテーションを考えるというループ状態の悩ましさです。生活者を理解しようとしているのか、『生活者を理解するモデル』を理解しようとしているのか、常に考えさせられます」

カオス化している世界に対して、深く分析を重ねれば重ねるほど複雑かつ使いにくいものになってしまうという問題。私たちの研究のポイントは、まさにこの点にある。

「世の中がややこしくなればなるほど、認知してから購入に至るまでの期間が長く、その間に生活者自身もさまざまに変化していきます。そうした生活者をどう捉え、購入に至る『ジャーニー』を作っていくのか。それはもしかしたら、『購入することの言い訳』の提案なのかもしれません」

特に調理家電の場合は「世帯財」であるため、購入は世帯単位でくどかなければならない。欲しい人と買う人が違うかもしれない商品なのだ。夫婦の場合、片方がどうおねだりすればいいのか、あるいはもう片方はどうおねだりされると納得しやすいのか。そんな分析が「考え方のクセ」を応用して作り込めたら面白いかもしれない。

「たとえば、『考え方のクセ』をホームページで確認してもらい、それぞれのタイプにオプティマイズされたウェブページにランディングしてもらって、じっくりと刺さるメッセージを発するような仕組みが作れたら面白いかもしれませんね」

動画を用いた広告展開では、すでに閲覧履歴からオプティマイズされた素材が提供される仕組みが確立されつつある。「考え方のクセ」もこうした仕組みで応用できると、画期的なマーケティング・コミュニケーションが生まれるかもしれない。

最後に、ビデオリサーチの生活者研究への期待を伺った。

「**複雑すぎず粗すぎない魅力的なセグメンテーション**を用いた実例がどんどん出てくることを期待したいですね」

私たちが「考え方のクセ」を6タイプにしたのは、まさに「複雑すぎず粗すぎない」実用に供することを前提としたセグメント数を目指したからだ。

これが本当に、使いやすさを担保したまま実際のビジネスにおいても有効に機能するのか。今後の粒度の調整も含め、経験を重ねていくことが大切だと感じた。

PART 3

株式会社日立ソリューションズ

産業ソリューション本部　サービス・インテグレーション部

主任技師（課長）　藤原 英哉氏

スポーツビジネスの魅力を掘り起こす

最後に、実際に「情報×選択セグメント」を使ってビデオリサーチとの協業が進んでいる企業のご担当者にご登場いただく。

インタビュー時点でまさに「現在進行中」の案件であるため、詳細をすべてご紹介することは難しいものの、ある時点におけるひとつのケーススタディとして参考にしていただければ幸いである。

日立ソリューションズは、いわゆるメーカー系システムインテグレーターの大手企業だ。クライアントへの製品・サービスの提供だけでなく、コンサルティングを通じたシステム開発、運用支援やメンテナンスまでを担う、課題解決をめざしたソリューションプロバイダーである。

同社が今、注目を浴びつつあるジャンルが存在する。ファンビジネスに向けた、CRM（顧客満足を最大化するための顧客情報管理や関係構築）ソリューションのトータルパッケージだ。同社はすでに、プロ野球の東京ヤクルトスワローズやオリックス・バファローズ、Jリーグのジュビロ磐田などをクライアントに抱え、単なる効率化、単なる「顧客ロイヤルティ管理」にとどまらない、新しいスポーツビジネスの価値創造に取り組みつつある。

この過程で、ビデオリサーチの**「情報×選択セグメント」をベースとして、より満足度の高い、なんといってもより楽しいファンサービスを展開できないか、具体的な協業が始まっている**のだ。

心を豊かにするファンビジネス

藤原英哉氏は日立ソリューションズ入社後、時にクライアント企業に常駐しながら、ECサイトの構築やウェブマーケティングに携わってきた。

2011年、藤原氏の元に、「自社の入場チケットを自社だけで販売するシステムを構築したい」という依頼が寄せられた。それが、東京ヤクルトスワローズとの出合いだったという。

他社にチケット販売を依頼していると、手数料負担が重いだけでなく、ファンの動向がつかみにくい。他のスポーツ、他の娯楽との競争が激しくなっていく中で、何が自分たちの強みで、どうすれば課題を解決できるのかがわからない。そんなきっかけで自社販売を思い立ったのだという。

当時の日立ソリューションズには、まだスポーツクラブを手がけた実績はなかった。というより、そもそもこの業界に、ＣＲＭを軸としたファンビジネスという概念が存在していなかった。

「日立グループの企業理念には、『優れた自主技術・製品の開発を通じて社会に貢献する』と書かれています。世間では日立といえば社会インフラと思われがちですが、今や日本の社会インフラは一通り整いました。そのうえで生活を豊かにする社会イノベーションとは何だろう？　と常々考えていたとき、この話が舞い込んだのです。私自身もスポーツが好きで、野球少年だったということもあります」

スポーツやエンターテインメントを、ITソリューションで活性化し、変革する。それが心の豊かさを生み、日本を元気づける方策なのではないか。

そう考えた藤原氏は、同社の企業内起業の制度を使って、ファンビジネス支援の事業化を始めた。

巨大な日立グループの中にあっては、まだまだ小さな規模でしかない、と藤原氏は言う。しかし、試しに検索エンジンで「ファンビジネス」を調べてみてほしい。上位でヒットする情報のほとんどが、日立ソリューションズに関連したものであることが立ちどころにわかるはずだ。

この世界におけるトップランナーとしての地位を、藤原氏のグループはすでに固めつつあるのだ。

ファンビジネスにおけるＣＲＭとは？

まず、プロスポーツにおけるファンビジネスの概要を説明しておこう。

プロスポーツクラブにとってのユーザーは、いわゆる「ファン」の人たちである。

もっともシンプルな運営とファンの関係は、運営側が素晴らしい試合を開催・提供し、ファン側が対価を支払い、チケットを購入することでそれを楽しむ、という構造になっている。

チケットの販売は、長年プレイガイドやコンビニエンスストア等のプラットフォームを通じて行われてきた。購入する機会を幅広く提供できる一方で、委託手数料は少なくなく、運営側にもユーザー側にも価格面での負担になっていた。

従来入場チケットは紙ベースで提供されるものだったが、現在では、航空チケットや割引クーポンなどと同様、チケットを電子化し、カードやQRコードなどで代替させることができる。つまり運営側に独自のシステムが、ファン側にPCとプリンタ、あるいはスマートフォンがあれば、直接販売しやすくなったのだ。東京ヤクルトスワローズからの当初の依頼は、まさにこの点のメリットに着目していた。

一方で、リピーターを育て、より熱心なファンを育成するために、運営側では「ファンクラブ」を設立し、会員番号とカードを付与してさまざまなメリットを提供しながら、顧客動向の分析を続けてきた。情報の提供、ポイントの付与、割引などの優待を通じて、「ファン化」させる仕掛けに取り組んできた。

日立ソリューションズ、そして藤原氏が運営側に提案したのは、単なるチケットの自社発売だけではない、トータルなCRMによるファンビジネスの構築だった。ただ便利だから、効率がいいからＩＴを取り入れる、という理由にとどまらない価値の提供である。

無論、日立ソリューションズには、インフラや技術は十分に揃っている。ポイントは、どのようにネット（オンライン）と施設や店舗の利用（オフライン）を統合したシステムを構築し、Ｏ２Ｏマーケティング（オンライン・トゥ・オフライン・マーケティング）に必要な機能をトータルで提供できるかだ。

それも、決してＩＴに長けていない現場の誰もが、実際に使え、戦略にまで反映できるシステムとしてである。

カオス化はピンチでありチャンスでもある

数々のスポーツクラブでファンビジネスに携わっている藤原氏は、**なぜビデオリサーチの「考え方のクセ」に着目したのだろうか。**

その背景にあったのは、スポーツを観戦する、という人々の行為における、「複雑化」の進行だった。

「まず、『ファン化』させる、ということが私たちの重要な仕事なのですが、**人がどこか**

のスポーツクラブのファンになるという行為自体は極めて心理的なものです。そのプロセスに、機械的にはなかなか入り込めず、容易には測れないという思いがありました」

さらに、時代の移り変わりが事態を一層複雑にする。

かつて野球はスポーツの王道であり、プロスポーツの王様だった。男の子の多くがプロ野球選手を夢見ていた。テレビをはじめ露出される媒体も多く、スポーツファンの多くは、イコール野球ファンだった。

スタジアムも、好きな選手のプレーや勝負という〝野球自体〟を楽しみたい人だけで十分賑わった。

しかし今では、サッカーやテニスなど、注目を集めるプロスポーツは多様化している。そのうえ、日本だけでなく、世界中から優れたコンテンツが供給されている。加えて、若年層を中心に人口そのものが減り始めている。選択肢が増えている中で、生活者は減っているのだ。

藤原氏自身も「団塊ジュニア」。少年野球にあけくれ、まさにプロ野球選手が将来の夢であることが当たり前の世代だ。でも今、藤原氏が担当しているプロ野球チームのイベントに少年野球チームを招くと、複雑化した社会が、目の前にこんな形で姿を現わすのだという。

「たとえば、小学校3・4年くらいのお子さんと親御さんが集まると、親の年代が驚くほどバラバラなのです。30代前半の方もいれば、50代後半の方もいる。私自身が少年野球をしていたとき、親の年齢はもっと揃っていたと思うのです」

カオス化は、それだけではない。スタンドに上がってファンを観察すると、楽しみ方も複雑化、多様化していることに気付くという。

昔ながらに、ゲームとしてのスポーツに熱心な人がいる一方で、スタジアムで飲食をすることが楽しみだったり、スタジアムでできた仲間とのおしゃべりに夢中だったり、応援という行為だけに熱を上げていたりする。若い女性の人気を獲得したと話題になった広島東洋カープの女性ファン「カープ女子」の中には野球の基本的なルールも知らない人たちがいるというが、藤原氏にはとても納得のいくエピソードだという。

「つまり、世間の複雑化、価値観の多様化で、スポーツそのものを知らなくても現場に足を運んでもらえるチャンスが出てきたことにもなるわけです。だからこそ、**多様な意見、**

考え方のニーズをどのように集め、使っていくかが大切になると思います」

ビアガーデンの代わりとして球場に来たい人も、話し相手が欲しくてサッカー場に来る人も、すべてデータ化してニーズを掘り起こしていく。ただチケットを自社販売するだけでなく、購入頻度やグッズ、飲食の購買などのデータや、タッチポイントなどを蓄積しながら会員制度を維持し、しかも分析的に改善しながら次の方策に活かすための運用を行う。こうした観点から、「考え方のクセ」というセグメントに目が留まったそうだ。

「うまくできているな、というのが初見の印象でした。**私たちも独自に4~5程度のセグメント分けを試みていた**のですが、それ以上は、分けるほど苦しくなるという実感があったので、**6タイプというのはよい落ち着きどころ**だと思います。しかも、アイテムや業種にとらわれない汎用性の高いセグメントというのも、**うまくファン心理を刺激しながら、外部からも顧客を誘いたい私たちのビジネスに応用しやすい**と思いました」

考え方のタイプがわかれば、今後どういった情報、どういったイベントに「ハマる」かがわかる。さらにいえば、ファン本人も気付いていない「自分の嗜好性の未来」を先回りして分析し、提示することで刺激的な経験を提供することができるかもしれない。
　私たちビデオリサーチとしても、とてもチャレンジングな案件である。

「だから、どうすればいいの？」を超えるＣＲＭ

　ファンビジネスの特徴について、藤原氏はこう語る。

「ファンビジネスは『ブランドスイッチ』が起きにくい市場という特異性があります。自分はどこかのファンだ、と心に決めたら、簡単に他には行かない。だからこそ運営側は、ＣＲＭを本当の意味で使いこなして、顧客との接点を生み出すことが大切なのです」

　ＣＲＭ自体は、多くのスポーツクラブにおいて、「ファンクラブ」という形で導入されている。しかし、得てして有効に活用されていないという。効率化のツール、顧客管理のシステムとしての観点でしか捉えられておらず、コストは安くないにもかかわらず、トータルな戦略作りには活かされていないことが多い。

「ＣＲＭを導入するなら、**何のために、どんな仕組みを構築して、全員がどう使いこなすかまでを考えないと**、ハードもシステムも、せっかく集まった貴重なデータも、**結局宝の持ち腐れになってしまう**んです」

一口に「オムニチャネル対応」といっても、その後の戦略策定、ＰＤＣＡサイクルにまで活かしきれている例は多くない。一つひとつのシステム、データベースは優れていても、意図を持ってインテグレートされない限り、「あるだけで使われない携帯電話の機能と変わらない」と藤原氏は言う。

「『いろいろあるのはわかったけれど、だからどうすればいいの？』という、ＣＲＭのボトルネックを乗り越えたい。そもそもファンビジネスの多くは、それが長年続いてきた時点で、感覚で動かしていても7～8割は正解なんです。残りの謎を、新しいデータを取り込みつつ、どう定量的に証明しながら改善していくかが、私たちの仕事です」

たとえば、ある球団では、チケットをほとんど買った形跡のないある顧客からクレームばかりつけられるので、いっそのこと「出入り禁止」にしようかと検討していたところ、実は年間100万円以上のグッズを購入する「超優良顧客」だったことがデータからわかったことがある。チケットは、知り合いでシーズンシートを購入したもののほとんど使っていない者から譲られていたため、履歴が残らなかっただけなのだ。

顧客の姿がわかれば、クレームの内容にも意味が生まれる。というより、危うく大切なお客様と知らずに追い出してしまうところだったのだ。

こうしたエピソードを契機に、購入額最上位クラスの顧客の顔と名前をスタッフ全員に記憶させ、今後は名前で呼びかけるといった方策も考えられる。ファンで居続けることが心理的な行為である以上、それは愛着度を大きく増すに違いない。

「考え方のクセ」をこう活かす！

現在ビデオリサーチは、日立ソリューションズと次のような協業を検討している。

日立ソリューションズが構築運営しているファンビジネスの**会員に向け、「情報×選択セグメント」における6タイプの「考え方のクセ」がわかる質問を提供し、回答を得ることで、顧客のデータに個人の「考え方のクセ」を付加できる**ようになる。

個々の顧客が、いつ、どの席種のチケットを買い、どんなパターンで来場するのか。あ

図表4-9 ｜CRMへの「考え方のクセ」導入例

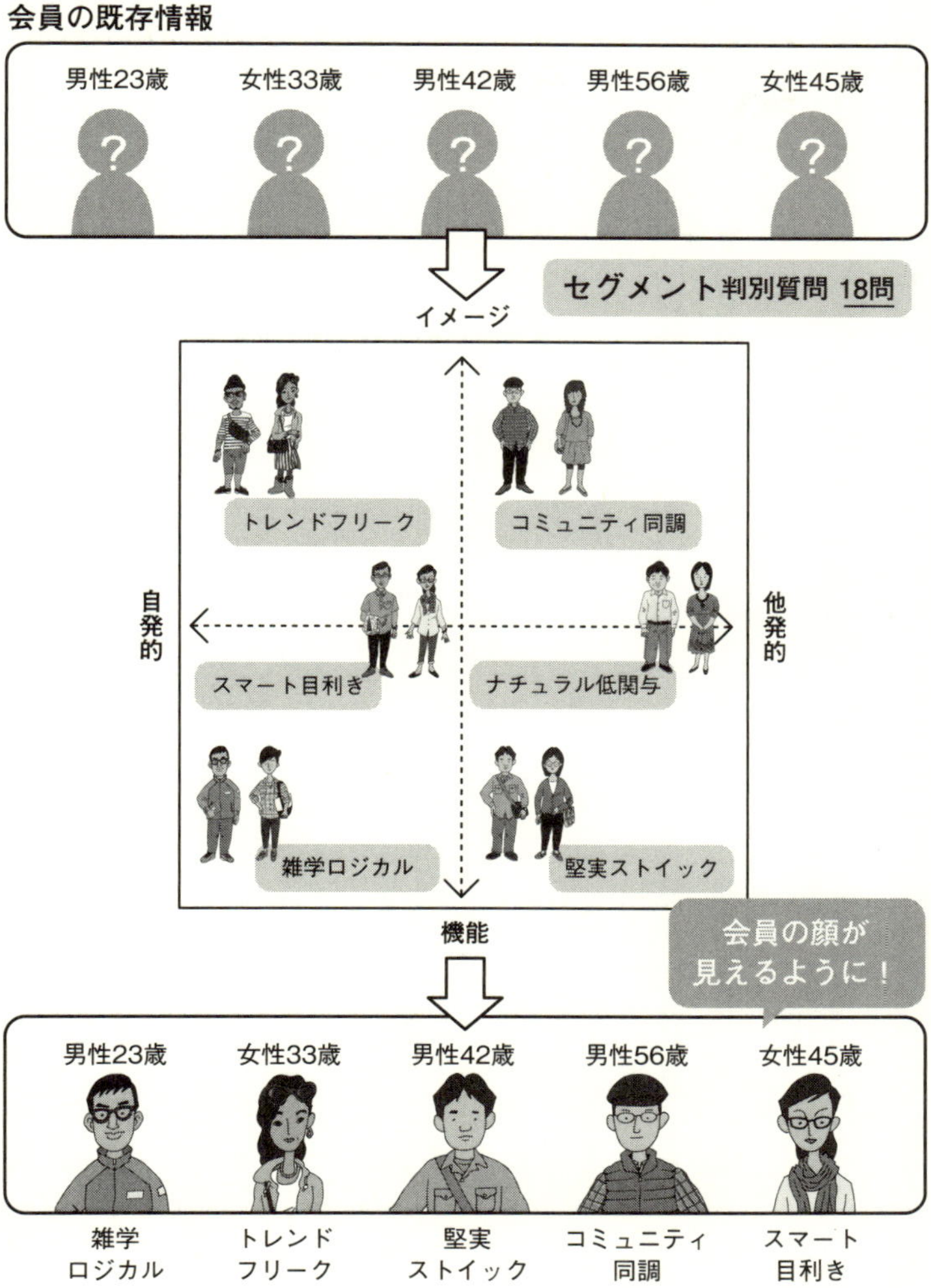

るいはどんなファンサービスを好み、何を場内で買い求めるのか。そうした購買行動に、性格や価値観といった**「考え方のクセ」が紐づけられることによって、まさに「顔がわかる」状態になる**。

今後は、顧客が望んでいるもの、今後望みそうなものを前もってカスタマイズして提案することも可能になるはずだ。

藤原氏の頭の中には、すぐに具体的なシーンが浮かび上がってきた。

「スポーツビジネスだけに、ぜひ選手も巻き込んで展開してみたいですよね。選手にまずは自分がどのセグメントになるのかを判定してもらい、はやりの戦国武将のゲームのように、○○選手は『雑学ロジカル』、△△選手は『堅実ストイック』、さてあなたは？なんて呼びかけたら、かなり盛り上がるのではないでしょうか。自分と『考え方のクセ』が同じ選手が新たに気になって追いかけ始めたりしたら、それだけで大成功ですよね」

そして、運営側から発信する情報も、できる限り会員個人の**「考え方のクセ」に応じた情報発信**ができるようになる。

メールマガジンの定期的な発信はファンクラブの定番ともいえる施策だが、**今後はより「刺さる」キーワードで訴えられる。**

「トレンドフリーク」なら魅せるビジュアルや最新グッズ情報を、「雑学ロジカル」なら知る人ぞ知る記録やデータの情報とグッズの開発の裏側を、「コミュニティ同調」なら試合の感動を共有するメッセージと今売れているグッズ情報をメインに提供する。もちろん、グッズや場内売店などの商品開発も、それぞれの「考え方のクセ」をもとにしたプロジェクトを始めることができるはずだ。

「メールマガジンは有効な手段である一方、定期的に発行するとどうしてもありきたりな、平凡な内容になりやすく、レスポンスも高いとはいえません。同じグッズ、同じサービスでも、訴え方のバリエーションがロジカルにわかるというのは、早速試してみたい方法ですよね」

そして、情報を受け取るファンは、そもそもファンである以上、感動させてくれればくれるほど、ドキドキすればするほど嬉しくなる存在だ。大好きなチームからの情報で、

「マインド・ホールを突破してほしい！」と潜在的には願っているはずなのだ。ポイントが貯まる、割引が受けられる、だから足を運んでください、という外的なインセンティブも大切だが、楽しい、感動したい、そこでしか味わえない経験に飛び込みたいという心からの欲求（内発的動機づけ）こそが、本当はもっとも望まれている価値のはずである。

「考え方」がわかれば、顧客データの資産価値は上がる

日立ソリューションズでは、すでに「情報×選択セグメント」を活用した基本的なアイデアをいくつかのクライアントに打診し、前向きな手応えを受け取っているという。同社のクライアントは、すでに同社のソリューションによって成果を出しつつある企業ばかりであり、私たちビデオリサーチの考え方もスムーズに受け入れられたという。

そして、同社のファンビジネスを採用しているユーザー企業が集まる「ユーザー会」などを通してクライアント同士の情報交換も盛んに行われてる。それだけプロスポーツビジネスも、生き残りをかけて新しい取り組みへの需要や期待が高い。

「ビデオリサーチさんとの協業の具体化は現在詰めていますが、やるからには結果にこだ

わりたいですよね。当社のCRMを導入していただいているクライアントは、毎年動員数や売上が2ケタ成長しています。この流れを続けるためには、新しいこと、面白そうな仕組みをどんどん試していきたい。その思いは私たちも、クライアント企業も共有しています」

藤原氏の頭の中では、もしプロスポーツにおける「情報×選択セグメント」の導入が成功すれば、音楽をはじめとするエンターテインメントビジネスや、もともとの日立ソリューションズのクライアントである一般企業へのフィードバックも視野に入れている。

CRMによる顧客データの資産の価値向上。その価値を高める大切な要素として、「情報×選択セグメント」が役立つことを期待せずにはいられない。

第5章

「マインド・ホール」を突破せよ!

――「届く」マーケティングの組み立て方

あらゆるニーズに応えられる

最後となるこの章では、まとめとして、本書で述べてきた6タイプの「考え方のクセ」（情報×選択セグメント）の知見を、具体的にどのように方策に活かしていくか、その可能性とヒントを提案していきたい。

まず、私たちの提案する「考え方のクセ」は、ACR／exという「世の中の縮図」から導き出された成果である以上、基本的には**マーケティングにおけるPDCAのどの段階においても応用が可能であるし、クライアント企業のニーズや課題のすべてに連動して応用していただけることを目指して作成**している。

私たちがいただく相談は、たとえば左記のような内容が多い。

・市場を拡大するにはどうすればよいか？
・新規ユーザーが獲得できない。有効な方策はないか？
・自社のブランドが歴史を重ねるにつれユーザーの年齢が上がっている。より若い層を育てる方法はないか？

・この商品をターゲットに届けるには、どうコミュニケーションするといいだろう?
・実際のユーザーが想定と違ってしまったのはなぜなのだろう?
・この番組への出稿は続けるべき? 打ち切るべき?

こうしたニーズを分類・図解化したものが、図表5－1だ。

大きく分類すれば、「市場分析」「ターゲット選定」「プロファイリング」「商品開発」、そして「コミュニケーション施策」に分けられる。そして、そのすべてに、「考え方のクセ」を活用することができる。

設立間もない企業が新製品を開発する際にも、老舗企業が自社の事業のコアとなっているブランドを再構築する際にも、マーケティング・コミュニケーションをどう進めるべきなのかは、すべて「考え方のクセ」から導ける。

「考え方のクセ」で、すべての答えが導ける

こうしたさまざまな局面における悩みに対して、ピンポイントで「解」を導くこともできるし、すべてトータルで考えることも可能だ。

図表5-1 「考え方のクセ」の活用プロセス

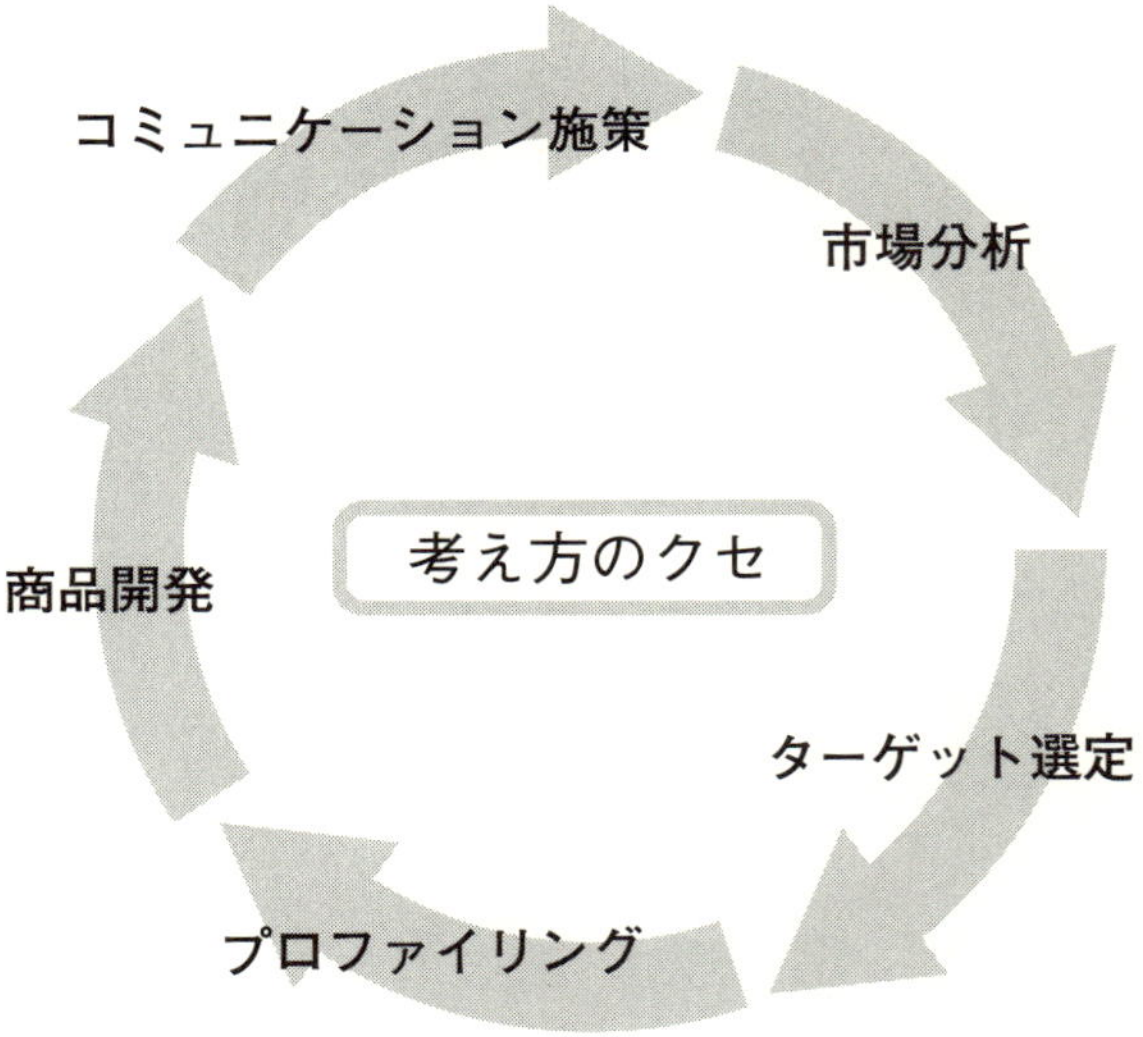

商品やサービスを企画する段階であっても、すでに存在している商品やサービスを広告宣伝していく段階でも、自在に応用することができる。6つの「考え方のクセ」は、どんなモノ、どんなサービスに対しても不変だからだ。

まずは、6つのセグメントのうち、どこを狙いにいくのか。初めはひとつだけを取るのか、あらかじめ順序を考えておくとしたらどうなのか。

自社商品、自社ブランドは、すでにどこのセグメントを取れていて、どこを取りきれていないのか。巻き返すには、どんなマーケティング・コミュニケーションを行うべきなのか。

どのメディアを使ってプロモーションを行えば、狙っているセグメントの「マインド・ホール」を突破しやすいのか。使うべきメディアは、テレビなのか、インターネットなのか。比率はどのあたりに置くべきなのか。

雑誌に広告を出すならどこなのか。交通広告を使うならまずどの路線を選ぶべきなのか。起用するべきタレントは誰なのか。

広告表現では、どんなキーワードを使い、目立たせれば、効率的に「マインド・ホール」を突破できるのか。それは金銭的メリットなのか、目新しさなのか、それとも詳細な機能の説明なのか。

こうしたシーンすべてにおいて、「考え方のクセ」を応用すれば、シンプルに考え、ロジカルに答えを導くことが可能になる。予算面での制約があれば、もっともパフォーマンスのよいと思われる組み合わせを、データに裏打ちされる形で考えることができる。

同時に、**すでに施策を打った後のマーケティング・コミュニケーションが、実際にどのくらい狙ったセグメントの「マインド・ホール」を突破できているのか、「定点観測」をすることもできる。**

なぜなら、「考え方のクセ」のもとになっているＡＣＲ／ｅｘ調査はブランド関与、認知状況などの変化しやすい情報については3カ月に一度データが更新されており、施策を行った後の動きがどうなっているかを観察することも可能だからだ。

狙ったターゲット（セグメント）に対して、キャンペーンが本当に想定どおり届いているのか、どこまで獲得できているのか、そして次の狙いはどこにあるのか。

「情報×選択セグメント」を使うことで、現状の把握と、次に打つ手が定量的にわかり、効率的なＰＤＣＡ管理が可能となるはずだ。

カスタマイズ分析　３つの拡張性

より詳細で、よりカスタマイズされた分析を行い、最適な形で導入、応用することも可能だ。

第一の例としては、113ページで紹介した「考え方のクセ」判定サイトの質問項目を、クライアントの自主調査に組み込み、「オリジナル分析」として活用する方法だ。

改良を重ねた結果、**「考え方のクセ」の判別は18の質問だけで可能**になっており、ユーザーの負担は最小化されている。

そこから得られたユーザーごとの「考え方のクセ」は、新たなデータとして蓄積できるだけでなく、すでに得ているデータと紐づけて分析することも可能だ。そして、それぞれに対して「刺さる」方法でアプローチをすることができるようになる。

次の例は、「考え方のクセ」のもとになっている、ACR／exをはじめとするビデオリサーチの独自調査データをもとにした分析だ。

すでに述べたとおり、ACR／exは、項目によって3カ月に一度のきめ細やかな調査を実施しており、迅速に世の中の動きをつかむことができる。これらは当然、「考え方のクセ」をキーとして分析することができる。

そして、最後に紹介したいのは、ACR／exの1600を超える調査項目の中に、クライアント自身に関わるオリジナルの質問項目を加える方法だ。

ACR／exはビデオリサーチの自主調査で、質問項目は基本的にビデオリサーチが自ら設定している。一部はデータのユーザであるクライアントの要望も聞きながら調整している。

そして、有料のオプションとして、クライアントが調査したいオリジナルの質問項目をクローズド（他の顧客にはデータ提供されない）の形で設定することもできる。具体的には、自社の商品やサービスに対する質問項目を加えられる。

つまり、「考え方のクセ」のもとになっている「意識項目」だけでなく、メディアやブランド、広告や購買行動などの他のあらゆる調査項目と掛け合わせて分析することが可能になる。

予算規模に応じてアレンジできる

私たちの思いとしては、「考え方のクセ」を、できるだけゼロベースから、つまり**商品開発の段階から活用していただき、具体的なコミュニケーション施策に至るまで、トータルで使っていただきたい**と思っている。

ただ、クライアントによって、活用シーンはさまざまであることも確かだ。よほどの大企業でなければ、いきなり大掛かりな分析は難しい。しかし、予算規模に応じて、ローンチ前のプロジェクトやベンチャーの立ち上げであっても、部分的に「考え方のクセ」を活用していただく方法はある。

私たちとしても、**「考え方のクセ」はまだまだ進化の途中**である。そもそも世の中はカオスなのだから、研究は半永久的に続くともいえる。

さまざまな課題解決のお手伝いをしながら、知見を高めていきたい。ピンポイントの課題に対するニーズに対しても、当然答えは導ける。詳しくは、ビデオリサーチ「ひと研究所®」のウェブサイト（211ページ参照）をご覧いただきたい。

生活者セグメント「ひとセグ」

また、私たちビデオリサーチ「ひと研究所®」では、本書で述べてきた「考え方のクセ」（情報×選択セグメント）以外にも、さまざまな研究を行っている。

この中で、まず今後一段と大きなボリュームゾーンを形成するシニア層については、「VRエイジング・ラボ®」において生活者研究を行っている。もはやシニア層は、一口に高齢者というイメージだけでは捉えきれないうえに、消費意欲は衰えていない、有力な

図表5-3｜ビデオリサーチの「ひとセグ」の概念図

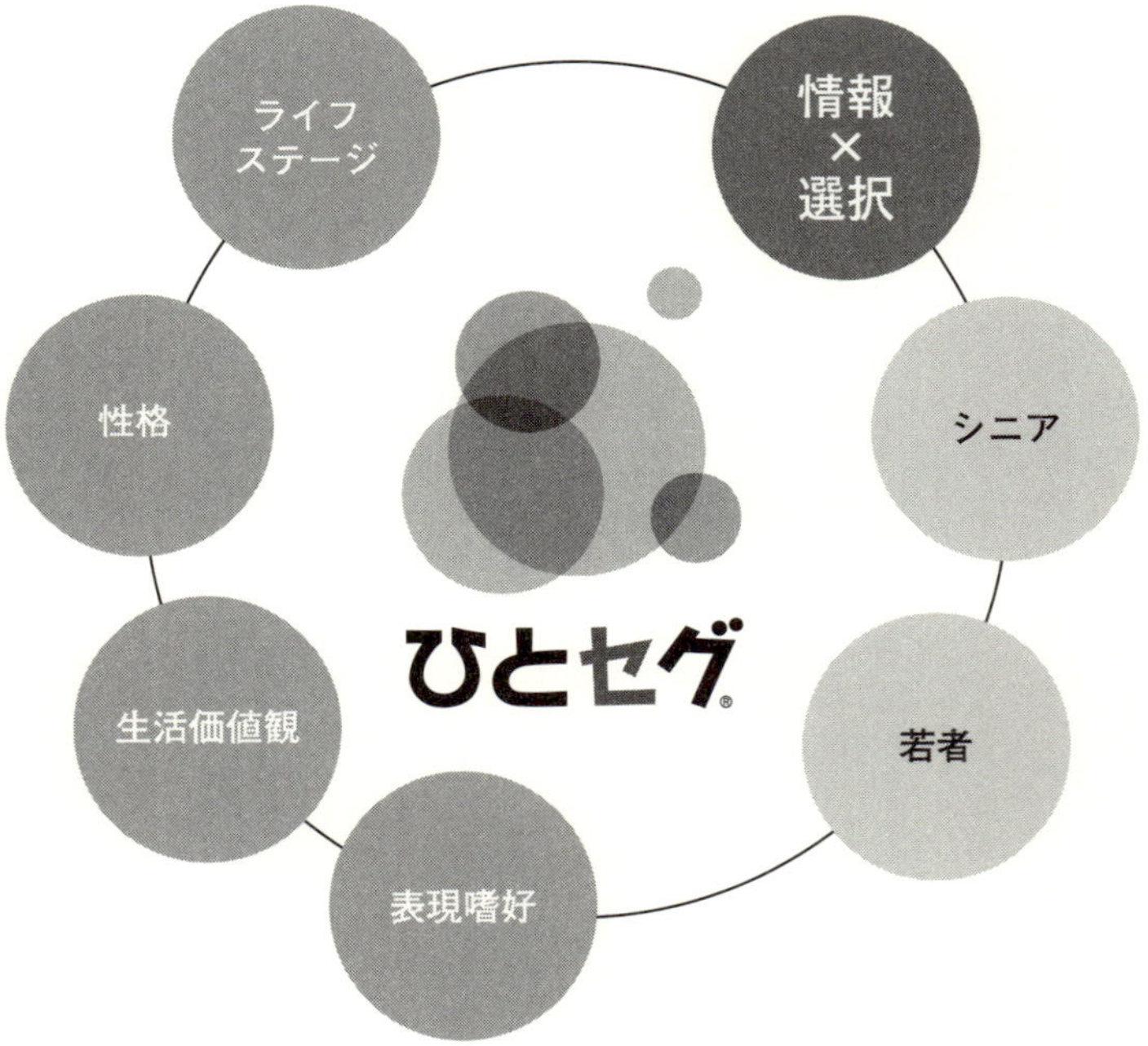

ターゲットである。私たちは、「考え方のクセ」と同様に価値観を切り口にして、シニア層のセグメントも分析している。

また、「VRわかものラボ®」では、ますます理解が難しいとされている若者にどうアプローチすればよいのかの研究を続けている。

6つの「考え方のクセ」を導いた「情報×選択セグメント」と、これらの研究を総称して、私たちは「ひとセグ®」と名付けた。

企業のマーケティング課題における、細やかな視点、さまざまなニーズに応えられるよう、今後もあらゆる角度から研究を続けていきたい。

シンプル・シンキング、ロジカル・アプローチ

生活者、メディア、そして商品がカオス化し、しかもそれらが掛け合わさって複雑化した時代。

私たちは、複雑な時代に複雑なやり方で立ち向かうのではなく、**複雑な時代だからこそあえて「シンプル・シンキング」が大切**だと考える。

ただ闇雲に単純化するのではない。ビデオリサーチが、長い期間にわたり、持続的にリ

ソースを割いて調べてきた各種の調査を分析した結果、導き出されたのが、本書で提案した「シンプル・シンキング」の土台である。

その結果見えてきた「考え方のクセ」と、それぞれにおける「マインド・ホール」の存在という仮説は、研究を進めれば進めるほど、私たち自身がかえって納得させられてしまうほどの説得力を持っていた。

シンプル・シンキングを「ロジカル」なアプローチに結びつけ、常に根拠のある形でマーケティング・コミュニケーションの方策に変えていくことで、生活者を「選択」に向かわせることが可能になるはずだ。

私たちは今、「考え方のクセ」が実際のマーケティング・コミュニケーションに活用される段階に至りつつあることに、心地よい緊張感と、静かな喜びとを感じているところだ。

生活者の「マインド・ホール」がわかる。それは、「私たち生活者が、今、何を求めているか」が見えてくることを意味している。

この知見が重なれば重なるほど、世界は本質的に豊かになる。私たちはそう確信している。

本書の知見が、多くの方々のマーケティング活動に役立てば幸いだ。そして、私たちは多くのデータと実例を必要としている。読者の皆様からご意見、ご批評、今後のヒントなどをお寄せいただき、ともに発展させていけることを願ってやまない。

株式会社ビデオリサーチ

ひと研究所について

「ひと研究所」は、ビデオリサーチが取り組んでいる
生活者に関する研究所です。
研究領域ごとに、社内外問わず専門性の高いメンバーを召集し、
「シニア」「若者」などのターゲット研究や
新しい「生活者セグメント」を開発することで、
生活者に届きやすいコミュニケーションメッセージの研究や
企業が抱えるマーケティング課題の
発見・解決などを行っています。

ひとセグ®

「ひとセグ®」は、生活者を性別・年齢・ライフステージといったデモグラフィック特性に限らず、ひとの内面＝サイコグラフィック特性でも捉えた、ビデオリサーチが開発したさまざまな生活者セグメントの総称です。

VRエイジング・ラボ®

現代のシニアは多様なライフスタイルとニーズを持ち、とても年齢だけでひとくくりに語れる人々ではありません。ＶＲエイジング・ラボでは「今と次のシニア像」を研究・発表する活動を行っています。

VRわかものラボ

ＶＲわかものラボはビデオリサーチの若手社員で構成する若者研究チームです。大学生や若手社会人とネットワークを構築し、専門家の方とも連携して研究を進めています。

お問い合わせ ✉ seikatsusya@videor.co.jp

ひと研究所ウェブサイトについて

http://vrlounge.jpj.at/

※サイトへの接続にあたっては通信費等がかかります。

著者紹介

加治佐 康代(かじさ・やすよ)

ひと研究所所長

1991年ビデオリサーチ入社。広告会社担当営業を経て、調査分析部門にて商品サービス開発やコミュニケーション開発、コンテンツ評価、広告効果測定等、さまざまな調査企画設計・分析を担当。2012年より生活者研究の知見発信に携わるとともに、クライアントの課題解決も支援している。

亀田 憲(かめだ・けん)

ひと研究所主席研究員

広告会社、事業会社、コンサルティンファームを経て2014年にビデオリサーチ入社。中小企業診断士。さまざまな立場での一貫したマーケティング経験をベースに、ビデオリサーチの生活者研究知見や多岐にわたるデータを活用し、クライアントの課題発見、解決に努める。

緒方 直美(おがた・なおみ)

ひと研究所主任研究員

2004年ビデオリサーチ入社。テレビ視聴率・衛星放送の調査・分析をはじめ、放送局や消費財メーカーなどさまざまな顧客の個別課題対応の調査設計・分析を担当。2013年より生活者研究の知見発信に携わる。現在は主に生活者セグメントの研究・開発に従事。

ビデオリサーチが提案するマーケティング新論

マインド・ホールを突破せよ。

2015年11月27日　第1刷発行

編　著――――株式会社ビデオリサーチ ひと研究所
発行所――――ダイヤモンド社
〒150-8409　東京都渋谷区神宮前6-12-17
http://www.diamond.co.jp/
電話／03･5778･7235（編集）　03･5778･7240（販売）
装丁・本文デザイン――二ノ宮 匡（ニクスインク）
キャラクターデザイン――木村太亮
編集協力――――増澤健太郎、古井一匡
製作進行――――ダイヤモンド・グラフィック社
印刷――――慶昌堂印刷
製本――――加藤製本
編集担当――――福島宏之

ISBN　978-4-478-06643-0